誰も教えてくれなかった

# 持ちになるための

# い理論

司

Tsukasa Jonen

# 誰も教えてくれなかった　金持ちになるための濃ゆい理論――目次

## 新書版のための序章　金持ちには法則がある


資産防衛に必要な危機管理　10

第6波が来たらどうするか？　13

管理された小さな自由しかない銀行時代　15

生き方を決定づけた大きなキッカケとは？　18

経済の流れを掴《つか》んだ人がお金を儲ける　19

「永遠の4年生」プロジェクト　19

「非地位財」による幸福は長続きする　22

「自分教」を持つことは成功への第一歩　26

じゃんけんで100回勝ちたければ、最低300回勝負すればいい　27

世の中には4種類の仕事しか存在しない　29

地位財に溺れるだけの経営者はどうなる？　34

着地点を明確にすることがビジネスで成功するための第一歩　35

## 第1章　悪魔祓い（カモ釣りを逃れるマインドセット）

恐れなければならない「悪魔」の誘惑　38
悪魔は金持ちになる前からカモを狙う!?　40
家なんて持たないに越したことはない　43
マイホームはただの負債　45
不動産業界には悪魔がたくさん存在している　48
地位財の中で最も高い買い物である家　50
資産の大半がマイホームの貧乏父さん　52
金持ち父さんは道楽でマイホームを買う　55
金持ちは資産、貧乏人は負債を買う　57
ヴェブレンの「見せびらかし消費」とは？　60
悪魔は確率と統計で勝負する　61
名馬の名は日経平均やＴＯＰＩＸ　63

一番アテになるのは自分のお金　65

## 第2章　万物流転、ピンチはチャンス

逆張りした人は自由化の勝者に　70
みかんの生産量が激減した本当のワケ　73
大事なシグナルを見逃す人は、儲けも逃す　75
農水省ですら自由貿易推進という流れには逆らえなかった　78
「ナイトの不確実性」とは？　82
外食に参入した人の8割が3年以内に廃業する　85
「ブルーオーシャン」へのチャレンジ　86
ソニーのウォークマンは創業者の我侭《わがまま》でできた？　88
ビジネスには賞味期限がある　91
今儲かっているビジネスは永遠ではない　93
長期固定の支払いは絶対に避ける　94
副業で稼げるのはごく一部の選ばれし人!?　96

掛け金の高い保険に加入したがる人は極めて愚か 99
掛け捨ての保険よりギャンブルがマシ？ 101
将来悪いことがあると分かったら即座に行動を変える 104

## 第3章 「3」、それは不思議な数字

全滅する前に撤退することが肝 108
手持ちの資産はとにかく3分割する 109
リーマンショックやブレグジット時には惨敗 112
投資活動を続けた理由 115
投資と貯蓄の最大の違いとは？ 117
投資という柱もさらに3つに 120
ドルコスト平均法によるインデックスファンド投資 121
3本目の柱をどうするか？ 124
サイバー系、文化人系、リアル系 126
「まだ現金化できていないアイデア」を探す 127

引退していいかどうか決める基準は「無収入生存年数」 130

## 第4章　100年に一度の経済ショックは10年に一度やって来る

逆張りでピンチをチャンスに 134
コロナショックすらチャンスに変えた星野リゾート 135
コロナショックの渦中に住宅メーカー起業 138
危機の後にはチャンスがある 140
経済サイクルは10年周期 144
起業をするなら今がチャンス!? 146
流れを読み間違えた人の人生は悲惨 148
まだ儲けていないあなたにもチャンスがある 153
「プレッパーズ」と呼ばれる変わった人たち 154
儲からなくてもいいので損のない状態を作る 157
売上で経費をカバーできるビジネスモデルの確立 160
なぜ必ずチャンスが巡ってくると断言するのか？ 161

既得権益に風穴を　165

## 第5章　嘘つきメディアに騙されるな

夢は永遠には続かない　170
赤信号、みんなで渡れば怖くない　172
毎日トンチンカンな市場解説記事が垂れ流されている　176
情弱が何を考えているか知りたかったら、新聞を読め　179
マスコミで話題になったら終わり　180
新聞記者は単なるサラリーマン？　182
素人でも記事が書ける「記者クラブ制度」　185
一体何を信じればいいのか？　189
日本国債は大人気!?　192
簿記の知識が必要　196
市場の反応で日経新聞のおかしさを見抜く　197
マスコミが隠しているピースを埋めるには？　200

## 新書版のための終章　ポストコロナの経済サバイバル

お金持ちになれない人は未来を見ていない　204
「真の不確実性」は「リスク顕在化の連鎖」を引き起こす　206
最悪を想定する思考法　208
やめるべきリストを作って、即座に実践すべき　209
ネガティブ・シンキングでメンタルの弱さを克服　210
ポストコロナの経済状況は？　212
世界各国の政府はインフレを恐れなくなった　215
ポストコロナでも続く米中冷戦　217
人生最大のリスクは死　218
みんなでやれば恐怖と向き合える　220

―新書版のための序章―

# 金持ちには法則がある

## 資産防衛に必要な危機管理

　本書は２０２０年11月に上梓した単行本『誰も教えてくれなかった金持ちになるための濃ゆい理論』の新書版です。元の単行本は新型コロナウイルス感染症のパンデミックが始まった年に企画されました。そして、実際に執筆していた時期は１回目の緊急事態宣言が解除され日本中がＧｏ Ｔｏトラベルで盛り上がっていた２０２０年８月です。この原稿を書いていた時、私はその年の年末年始から始まる第３波、２度目の緊急事態宣言、ましてデルタ株で空前の感染拡大となった第５波などは知る由《よし》もありませんでした。

　グラフをご覧いただければ分かる通り、私が元の単行本を書いていた２０２０年８月は第２波の最中にありました。しかし、そのピークは同月７日。全国の新規感染者数は１６０５人となっています。デルタ株の蔓延《まんえん》した第５波のピーク２０２１年８月20日の２万５９９２人に比べるとその数はわずか６・２％に過ぎません。２０２０年８月７日以降、新規感染者数は減少傾向となり、２０２０年８月22日に１０００人を割り込みます。その後、元の単行本が上梓される直前の同年10月末の時点でも１０００人未満の状態が続いて

国内の感染者数（1日ごと）

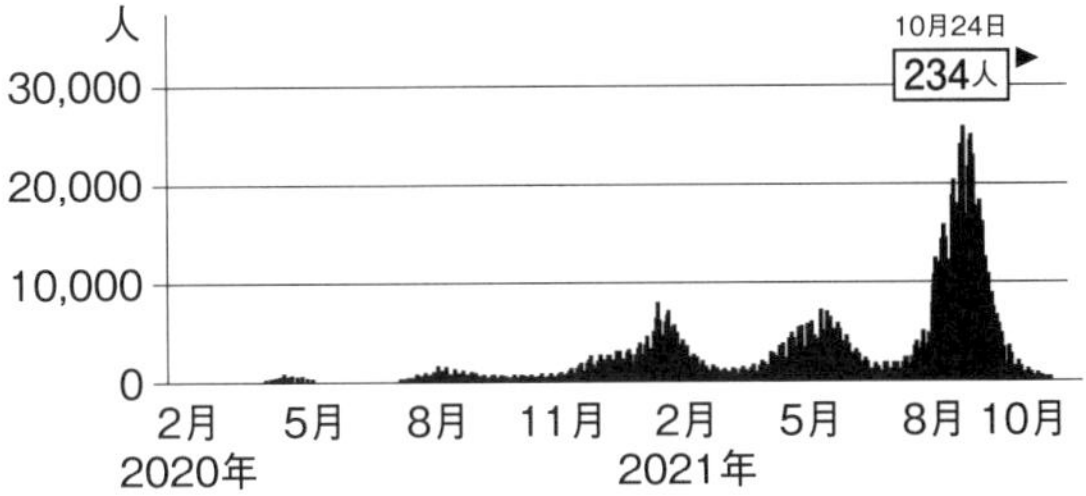


NHKまとめ　10月24日23:59時点
クルーズ船を除く・ただし帰宅後の感染確認は含む

https://www3.nhk.or.jp/news/special/coronavirus/entire/

いました。

　当時の報道ではファイザー社のワクチンが順調に治験を終え、年内には緊急使用の申請が承認される見込みとのことでした（実際に承認されたのは２０２０年12月11日）。そのため、切り札のワクチンができる以上、この騒動も先は長くないだろうと思っていました。だからこそ、金持ちになるための理論も、ポストコロナを見越して、あまりコロナを意識した内容に書き換えませんでした。

　ところが、ご存知の通り２０２１年８月にデルタ株が突如として感染爆発を起こし、世の中がパニックになります。「対策ない場合、42万人死亡」との予想を２０２０年４月15日に出して、大外れとなった京都大学の西浦博《にしうらひろし》教授が活動を再開します。２０２１年８月11日のＮＨＫスペシャル『新型コロナ〟第5波〟最大の危機をどう乗り切るのか』（NHK総合）において、「最も厳しい予測として、今月末には感染者が都内で3万人を超える」という予想を披露しました（8月31日の東京都の新規感染者数は2909人、8月のピークは13日の5908人）。

専門家である西浦教授がこれだけ予想を外しまくっているわけですから、私が2020年の8月時点でもうコロナは終わりかもしれないと予想するのも無理はないわけです。人生は予期せぬ出来事の連続です。予想は外れるためにある。

新書版の序章を書いているのは2021年10月25日です。本日の新規感染者数は全国で151人、東京都で17人でした。8月のデルタ株の大流行がまるで嘘《うそ》のように、全国の感染者数は激減している最中にあります。もうさすがに終わりでいいかもしれない。でも、前と同じように再び変異株の予期せぬ大流行もあるかもしれない。こんな時私たちはどのように考えたらいいでしょう?

どちらか片方の予想に賭《か》けるのは危険です。どちらの結果になっても対応できるように、複数のシナリオを準備することが危機管理の基本です。そして、危機管理とは、つまり皆さんの資産を防衛することにつながります。

第6波があるかないか? まず優先的に考えるべきは悪いほうのシナリオです。そちらに備えておけば、反対の結果に準備がなくても死ぬことはないでしょう。そこで、新書版の序章を書くにあたり、まずは悪いほうのシナリオで考える練習をしておきましょう。

## 第6波が来たらどうするか?

まず、私個人の話をしておきます。正直、去年の4月、5月は冷や汗をかきました。初めての緊急事態宣言で人々はパニックを起こしていましたから。おかげで私の経営しているジムの会員が2か月で25%も減ってしまいました。本当に潰《つぶ》れてしまうかと焦りました。

しかし、緊急事態宣言が解除され、年末にかけてそれほど感染者が増えなかったので、徐々に会員が戻り始め、年内には減った分をすべて取り戻すことに成功しました。ところが、その後、再び長い長い緊急事態宣言が続きます。幸いにして退会は増えませんでしたが、入会もそれほど伸びません。我慢の横ばい飛行が続きました。

とにかく退会を出さないように徹底的に守りを固めた結果、在籍者数は微妙に右肩上がりとなりました。増やすことより減らさないことを優先する。発想をそっちに切り替えて成功だったと思います。

仮に第6波が来たらどうするか？　もちろん、今と同じフォーメーションを継続するしかありません。勝てない時は負けないようにしてひたすら耐える。単純ですが、最も有効な戦略です。

緊急事態宣言の最中に、無理して頑張って客数を増やそうとしても、全体が逆風なわけですからなかなか難しい。だから、敢《あ》えてリスクを取らず、とにかく現状維持、最悪微減でもいいので致命傷を負わないように、死なないようにひたすら頑張る。そのように発想を切り替えましょう。

もし皆さんが会社勤めをしているなら、何とかクビにならないように会社にしがみ付いてください。今転職したり、起業したりしてもよほどの準備がない限り成功は覚束《おぼつか》ないです。もう少し、状況が好転する目途《めど》が立つまで待ちましょう。ただ、誰が見てもコロナが終わったという時期まで待っているとライバルに先を越されます。ここが非常に難しいところです。

## 管理された小さな自由しかない銀行時代

今とは正反対に、私が大学生の頃はちょうどバブル景気の真っ只中でした。大学はレジャーランドと化し、有り余る時間と全額使いきっても余裕なバイト代があったので、とても幸せでした。私が大学1年生になったのは1989年、まさにバブルのピークであり、時給の高い楽勝なアルバイトがそこら中に転がっていました。大学では弁論部の活動に没頭し、毎日仲間たちと議論し、毎週弁論大会に行っては野次を飛ばし、大いに飲んで、家にも帰らず、たまにテレビの討論番組に出演したり、本当に自由奔放でやりたい放題の4年間を過ごしました。稼いだバイト代で後輩と飲みに行って、バカやって……本当に楽しかったです。そんなに物欲のない私でしたが、それでも欲しいモノはだいたい買えましたいい時代でした。

ところが、就職してから生活は一変します。私は1992年に就職活動をした、バブル期最後の就職組です。家で寝ていると企業の採用担当から電話がかかってきて、今度お食事でもどうですかと誘われるような楽勝な就職活動でした。いくつかの内定をいただいて、最終的に当時就職ランキング上位だった日本長期信用銀行（現・新生銀行）に就職しました。

しかし、仕事の中身も考えず、人気や知名度だけで安易に決めたため、実際に勤めてみると、私は現実とのギャップにすぐ苦しみ始めました。銀行の業務は非常に退屈で耐えがたいものだったからです。正社員はサービス残業も当たり前、給料も年功序列賃金のため20代の頃は非常に安く設定されていました。正直、大学生の時のほうが、自由に使えるお金が多かったです。あのエキサイティングな4年間とのギャップは何？　私は一体何のために働いているのかよく分からなくなってきました。

このまま男性総合職として、40年近い時間をこの会社に捧げるとして見返りは何なのか？　私はそんなことばかり考えていました。支店長になれば年収は2000万円ぐらいもらえるのだろうか？　その後本店に戻って本部長とか役員のレースに敗れると関連会社に出向させられるのだろうか？　社内の人事異動のニュースを見ていると、何となく先が見えて嫌でした。このまま銀行員を続けていれば、そこそこの車や家が買えて、海外旅行にもたまに行けるのかもしれない。グルメも多少は楽しめるだろう。しかし、私が望んでいるのはそんな管理された小さな自由ではありませんでした。私はもっと大きな自由が欲しかった。高級外車に乗りたいとかそんなチンケな話ではなく、朝起きて自分の行きたいところに行き、やりたいことをやる自由です。それはまさに弁論部の4年間で味わったあのエキサイティングな日々そのものでした。

周りからは「大人になれよ」と言われました。しかし、私には無理でした。大人になれない私のような人間は、日本の会社では「常識がない」と言われます。そしてそんな「非常識」な人間は日本の大企業では通用しません。まして、銀行などというお堅い商売ではなおさらです。

自分が就職する会社に向いているかどうかなんてことは就職する前によく考えておくべきでした。しかし、何も考えず、知名度と就職ランキングだけでテキトーに就職を決めてしまった私は「後悔先に立たず」という状態に陥《おちい》ったのです。

しかし、このままダラダラ勤めていても苦痛が増すだけです。銀行勤めが向いていないと分かったなら、辞めるしかない。意外と決断は早かったです。「過ちて改めざる、すなわちこれを過ちという」論語の言葉を即座に実践し、私は1年足らずで銀行を辞めてしまいました。ちなみに、同じ銀行の4期上の先輩が「今でしょ」の林《はやし》修《おさむ》先生で、私よりも1か月短い期間でマッハ退職していたことはかなり後になって知りました。

## 生き方を決定づけた大きなキッカケとは?

私が会社を辞めた1993年はバブル崩壊直後で、昭和的な終身雇用の慣行が一般的でした。私の行動は親からも親戚からも友達からも批判を浴び、バカだと言われました。でも、私は苦痛にも耐えられなかったし、自由にもなりたかった。そのために多少のリスクは仕方ないと思いました。24歳の若造は怖いもの知らずでした。そして、若いからこそ間違えてもまだやり直しが利くだろうと軽く考えていました。おかげでその後かなり苦労しましたが、若くて元気なうちに苦労をしておいたことは後々大きな財産となりました。

会社を辞めた後、たまたま友人の彼女が勧《すす》めてくれた塾業界に転職することになりました。そして、その後8年間塾業界で過ごします。この偶然の転職こそが、その後の私の生き方を決定づける大きなキッカケとなりました。

## 経済の流れを摑《つか》んだ人がお金を儲ける

経済には流れがあり、その流れを摑《つか》んだ人がお金を儲けます。敢えてそれを「お金を生む法則」と名付けましょう。そのロジックに忠実にビジネスをデザインし、みんなで協力して仕事をこなしていけば順調にお金が増えていきます。塾業界でそれを働きながら体験し、学習できたことはその後の私の人生を大きく変えました。

私は29歳で雇われ経営者となり、経営の一角を担うこととなりました。それに伴い収入も増え、ぶっちゃけ銀行員を続けていたよりもお金が儲かってしまいました。もちろん、仕事は大変でしたが、「お金を生む法則」を学ぶことの面白さからそれに没頭していました。まさに大学時代のあのエキサイティングな日々を取り戻したように思えました。

## 「永遠の4年生」プロジェクト

しかし、同時に銀行を辞めた本当の理由である、自由とは何かという問題について考え続けていました。確かに、ビジネスは面白い。でも、儲けたお金で結局何をするのかという問題は残ります。私はこの時期マイホームも買いましたし、車も買いました。モノで満たされる部分については、ある程度のところまでやってみました。お金のない頃に比べれば、問題の9割は解決していたと思います。しかし、実際に解決してしまうと、どうしても残り1割が気になって仕方なくなります。私はモノを買うために生きているわけではないですから。一体何をしたくてこんなに頑張っているのか？　そもそも自由って何？

毎日が興奮とエネルギーに満ち溢《あふ》れていたのは、やはり大学4年間の弁論部の時代です。毎日のように仲間と議論し、週末は各大学の弁論大会に行って野次を飛ばして、終わってからは朝まで飲んで、他大学の知らない先輩の家に泊り込む……と、滅茶苦茶《めちゃくちゃ》やっていたあの頃。確かに30歳そこそこで経済的にはある程度満たされて欲しいモノはそこそこ手に入りましたが、仕事は忙しく、自由になる時間はあまりありませんでした。それでも商売の勉強で得るものが多いうちは気になりませんでしたが、だんだん学習効果が薄れてくるとやはり退屈になってきます。

学生時代にできたことを、社会人になっても続けていくにはどうすればいいか？　結局そんなことばかり考える日々が続きます。そして、私は1つの答えに行きつきました。もっと儲ければいいんです。それでお金で時間を買って暇を作る。さらに、そのお金で弁論部の後輩たちといろいろなプロジェクトをするための「場」を作ればいい。具体的に言えば、私が永遠に大学4年生のポジションをキープし、後輩におごりまくっていろいろ面倒を見てやればいいんです。名付けて「永遠の4年生」プロジェクト。これだ！

しかし、これを実行するためには雇われ経営者のままではダメです。いずれ独立して自分でビジネスをやって成功させるしかない。創業し、会社を作り、後輩を応援するわけです。後輩を雇ってやる必要があれば雇い、独立したいなら援助する。現役の弁論部学生にはイベントの協賛などで援助しまくる。当然、頼ってきたらおごりまくり。

いつか、そんなことができたらいいなと思っていました。32歳で塾を辞めて独立し、3年ぐらいで仕事はある程度軌道に乗りました。儲かり始めて最初にやったことは弁論大会に広告を出すことです。当時、私と一緒に仕事をしていた後輩で、東大弁論部出身の瀧本《たきもと》哲史《てつふみ》君のアドバイスを受け、東大総長杯に広告を出したのが最初だったと思います。

現在、私の会社の役員や取引先には弁論部の後輩がたくさんいます。また、私の出身母体である中央大学辞達《じだつ》学会のイベントには毎回広告を出しています。私やビジネスパートナーの勝間《かつま》和代《かずよ》氏のイベントのアルバイトとして後輩を呼ぶこともあります。こういう形で、私を育ててくれた学生雄弁界に恩返しをする、そして後輩にメリットのある形で何かをやり続ける。そうやって後輩とのかかわりを維持することで、本当に永遠の4年生になったような気がしてきました（笑）。

私は私自身が自由というものを学んだ学生雄弁界にこういう形で貢献できることを誇りに思っています。そして、気が付いたら私自身も言論を仕事として、本を書いたり、テレビやラジオに出演したりするようになっていました。ある意味、毎日が弁論部です。

## 「非地位財」による幸福は長続きする

私が何を言いたいか分かりますか？　人生の問題の9割はお金で解決できます。でも、お金で簡単に解決できてしまうからこそ、実はそのことによって得られる幸福が長続きしないという面もあるんです。逆に、解決できない1割の問題は、お金でどうにもならないからこそ幸福も長続きします。この点について慶応大学の前野《まえの》隆司《たかし》教授の論説を引用し、経済学の側面から説明したいと思います。

経済学者で米コーネル大学教授のロバート・フランクは、他人との比較によって満足が得られる財を「地位財」、他人との比較とは関係なく満足が得られる財を「非地位財」と定義しました。

地位財は、お金、社会的地位、モノなど。非地位財は、健康、自主性、社会への帰属意識、良質な環境、自由、愛情などが挙げられます。一番の違いは、地位財による幸福は長続きしないのに対し、非地位財による幸福は長続きすることです。

高級車を手に入れると、その瞬間は嬉《うれ》しいかもしれませんし、きっと自慢したいでしょうが、多くの場合、やがて幸せは薄れ、また別の車が欲しいと思うようになります。お金、地位、モノを得ることによって得られる優越感は、はかないものなのです。

しかも、自慢されて嬉しい人などいませんから、あまり自慢ばかりしていると友だちをなくします。自慢は幸せにはつながらないと言うべきでしょう。一方、好きな人とドライブに行った思い出は、非地位財です。非地位財は、一生モノになりえます。

グルメ、海外旅行、理想の家に車などは典型的な「地位財」です。買った瞬間は幸せになれるかもしれませんが、その幸せはあまり長く続きません。これに対して、「永遠の4

## 「財産の所有と幸福感」に関する調査

「もっと財産があれば幸せなのに」と考える人の割合

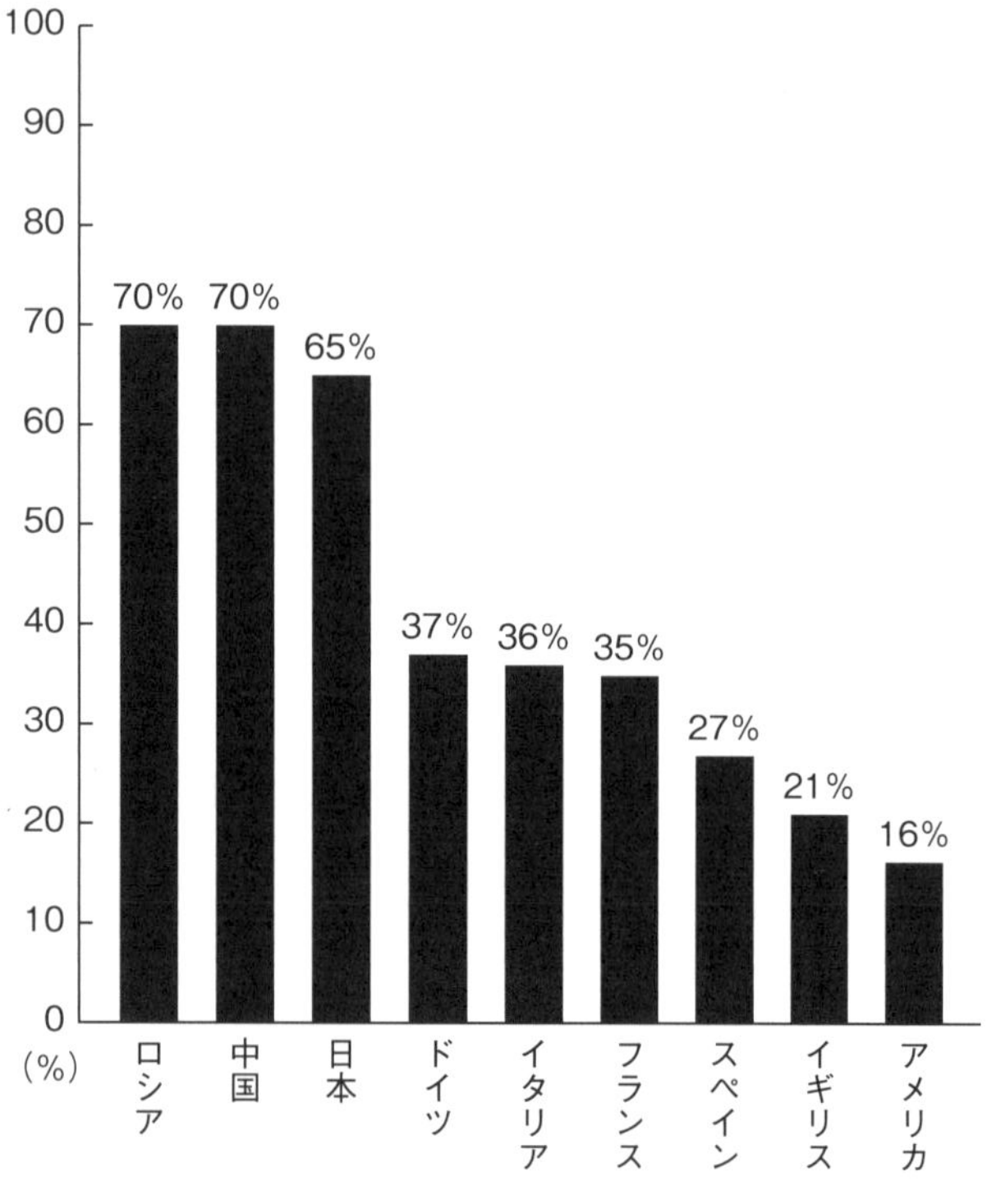


2012年 16歳以上の男女を対象にした「財産の所有と幸福感」に関する調査
市場調査会社カンター・ジャパンより

出所：『年収が増えれば増えるほど、幸せになれますか？』(河出書房新社)

https://toyokeizai.net/articles/-/352810?page=4

年生」プロジェクトは選ばれし者のみが得ることができる「非地位財」です。傍《はた》から見れば何の価値があるか分からない「非地位財」は、その人のアイデンティティに深く結びついているため、その幸せは長く続きます。

しかし、ここで勘違いしてはいけません。「非地位財」だからといってお金の力なしにタダで手に入るわけではないのです。私の経験から言って、むしろ「非地位財」は「地位財」よりもずっと金食い虫ですよ。毎年弁論大会への広告や無料の講演会、終了後に行う懇親会費、その他もろもろ加えるとブランド物を買っていたほうが安いぐらいです。それでも、私は「永遠の4年生」でいることに強いこだわりを持っています。アホです。何のリターンもない弁論部の後輩を応援することに血道をあげているわけですから。まさに究極の自己満足です。でも、私にとってはこれが他人との比較を許さない絶対基準なのです。これに一番近いのは宗教かもしれませんね。私がそう信じることはもう誰にも止められない。

## 「自分教」を持つことは成功への第一歩

宗教と聞いてお金から離れたと思った人は甘いです。有史以来、我が国の宗教団体は巨大な経済団体でもありました。宗教施設の普請《ふしん》（建設）とその資金調達（寄進《きしん》）は常に表裏一体です。例えば、戦国時代に至るまで寺社勢力は経済的に非常に大きな力を持っていました。元々、寺社勢力は交易を通じて富を得て、神社仏閣を造営するというビジネスモデルで運営されていたのです。その交易網は遠く支那《しな》にまで及び、留学僧として仏教を勉強しているのか、海外と貿易をしているのか、どっちが本業だか分からないぐらいに隆盛《りゅうせい》を極めていました（詳しくは拙書『経済で読み解く日本史① 室町・戦国時代』〔飛鳥新社〕をお読みください）。

宗教を信仰する者たちは自らの精神世界の具現化である神社仏閣をより立派に、より荘厳《そうごん》なものにするために商売に励んでいました。神社仏閣とは、まさに信者だけが共有する「非地位財」だったのです。私が一文の得にもならない弁論部の活動を応援し続ける理由にどこか似ていませんか？

何よりも大切なことは、自分の欲望の本質を見極めることです。そして自分にとってのプライスレスな「非地位財」を知ること。それは意外と少ないお金でも得られるかもしれないし、天文学的な金額が必要なものかもしれません。でも、それにチャレンジすることで皆さんの幸福は長く続きます。人を幸福にする。まさに宗教そのものですね（笑）。そう、確かに自分一人が教祖であり信者である宗教みたいなもの、いわば「自分教」を持っていると強いですよ。やはりメンタルが強いことはお金持ちになるための一つの条件ですから。そして、この宗教というキーワードは今後もたびたび出てくるのでお忘れなく。

## じゃんけんで100回勝ちたければ、最低300回勝負すればいい

さて、アイデンティティに深く根差したお金の使い道（自分教）を知らない人は、結局は周りの「地位財」にお金を使うしか楽しみはありません。前野教授の指摘の通り、「お金、地位、モノを得ることによって得られる優越感は、はかないもの」であり、欲望が次々に移り変わるだけです。そんな人生楽しいですか？

もちろん、「地位財」を一切買うなとは言いません。欲しいモノはどうぞ買ってくださ

い。多少のブランド物を買ったぐらいではびくともしない経済力は持ちましょう。但《ただ》し、何度も言いますが、「地位財」を貯め込んだところで一生満たされることはないことを自覚しておきましょう。

私は「自らのアイデンティティに深く根差したお金の使い道」を早めに（できれば20代で、遅くとも30代で）気付くことが大事だと思っています。若いうちに着地点をイメージして長期計画を立てれば、それに向けて何度も試行錯誤ができます。

例えば、じゃんけんで100回勝ちたければ、最低300回勝負すればいいだけの話です。あとはその300回の1回目をなるべく早く始めればいい。だからこそ、若いうちに目標を持つことが大事です。私は30歳の手前でそのことに気付き、ひそかに自らの「じゃんけん計画」を立てました。そもそも、そんな計画もなく24歳で銀行を辞めてしまったので、もうやるしかなかったのです。

ビジネスの場合はじゃんけんをするにも1回1回お金を賭けることになります。初回の勝負でお金を賭けすぎてしまうと、負けた時に数年回復できないダメージを負ってしまうこともあります。死なない程度にじゃんけんをずっと続けていくマネージメントこそが大事です。決して勝てなくてもいいから、とにかく負けないように粘ること、いわばゲリラ戦を続けることがポイントです。

## 世の中には4種類の仕事しか存在しない

では具体的にどうすればいいのか？　この点について、私に衝撃を与えたある本を紹介しましょう。それは、全世界でベストセラーになった『金持ち父さん貧乏父さん』（筑摩書房）の第2弾に当たる『金持ち父さんのキャッシュフロー・クワドラント』（同）という本です。その本質は次頁の図に集約されています。

簡単に説明すると、世の中には4種類の仕事しか存在していません。それぞれ頭文字をとってＥＳＢＩと憶《おぼ》えましょう。

ＥとはＥｍｐｌｏｙｅｅ（従業員）のことで、給料をもらって働く人のことを言います。大抵の人は社会人になる時、ここからスタートします。私も最初はここからスタートしました。Ｅの最大の特徴は時給とか月給が一定の金額で固定され、業績とは関係なくそれが保証されている点です。しかし、保証されている分だけアップサイドにも限りがあります。ある年の会社の利益が前年の2倍になったからといって、給料が2倍になることはありま

## 世の中にある仕事の種類

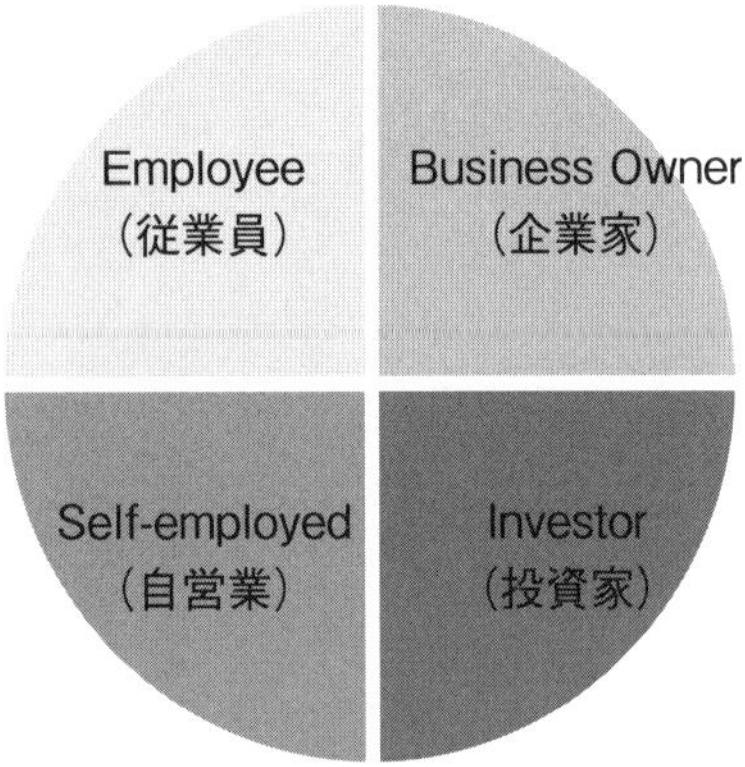


出所：『金持ち父さんのキャッシュフロー・クワドラント』

せん。

　SとはSelf-employed（自営業）のことです。弁護士、会計士、医師、歯科医など国家資格を持っている自営業者がイメージとしては一番ぴったりくるでしょう。大きな弁護士法人や医療法人に所属する人ではなく、開業している人がSです。芸能人もこれに当たります。Eとの最大の違いは、その時給の高さです。Eは時給換算するとせいぜい数千円ですが、Sはこれが1桁上がります。また、Eとは違い長く働けばその分だけ収入も増えます。但し、いくら時給が高くても、稼働がゼロなら収入もゼロです。Eと違って保証はありません。

　BはBusiness Owner（企業

家）のことです。彼らは仕組みを作り、その仕組みで稼いで儲けます。なので、自分が働いていない時もお金が稼げますし、仕組みを大きくすれば、収入も大きくなります。一番イメージしやすいのは会社の社長です。

Iは Ｉｎｖｅｓｔｏｒ（投資家）です。一言で言うならお金がお金を生む商売ということになるでしょう。彼らは、自分がノウハウを持っていなくてもノウハウを持っている人を雇って新しいビジネスを始めることができます。また、その資金は不動産に向けてもいいし、金融商品に向けてもいいし、どんな形でも運用可能です。

パッと見、ＢかＩになるのが一番儲かりそうですね。そして、時間もかなり余裕がありそうです。実際にＢは自らが現場に行く必要はなく、最初に作った仕組みがしっかり回っていれば平日休んでも全く問題ありません。Ｉに至っては全く働かないでお金を稼ぎつつ、有り余る時間を有効に使えそうです。

とはいえ、ＢとＩには実は大きなリスクが伴っていることも考えておく必要があります。例えばＢの場合、他人の仕事の失敗まですべて自分に跳ね返ってくる可能性があります。会社の従業員が起こした不祥事で会社が倒産することもあり、その際にはゼロどころかマイナスからの再スタートになる可能性もあります。これはＩにおいても同じです。投資先の不祥事で投入した資金がパーになるリスクはゼロではありません。

　これに対して、Eは自分が不祥事を起こしたとしても、犯罪でもない限り自分一人で全責任を負わされることはありません。責任を負うのは会社、つまり自分を雇っているBのほうです。また、Sは自分の仕事だけが責任範囲であり、他人のミスまで被る必要はありません。

　世の中にフリーランチはない、とはよく言ったものです。高収入で時間的な余裕のある立場には当然それに伴う大きなリスクが付きまとうわけです。ちなみに、私はそういう危険を承知のうえで、BやIを目指しました。「永遠の4年生」でい続けるためにはそれしか道がないと思ったからです。

　なお、一般的に大学のキャリア教育ではEかSになることが推奨されます。例えば、私が通っていた中央大学では、司法試験に受かって弁護士の資格を取ることが最も推奨されていました。しかし、これはキャッシュフロー・クワドラントでいうところのSを目指す教育です。また、大企業にたくさんの内定者を出している実績を誇る大学もありますが、これも単にEになることを推奨しているだけです。本当にそれが自分にとって正解なのか、目指す目標によって答えは違うと思います。

私は公務員の共働き家庭に生まれ、親戚縁者にもSやBの人はほとんどいませんでした。もちろん、Iなんて会ったことすらありません。そのため、社会に出て最初にできることはEとして会社に勤めることでした。最初に勤めた銀行はすでに儲からないビジネスモデルにしがみつくゾンビ企業であり、長く在籍しても得るものはありませんでした。そして、転職した塾は非常に単純ながら儲かるビジネスモデルを持っており、それを学ぶためには最適の環境だったと思います。Eの最大のメリットは給料が保証されていることではありません。給料をもらいながら、タダでビジネスの勉強ができることこそが本当のメリットです。私は塾業界8年間の勤務で、月額課金ビジネスというものの本質を叩き込まれました。今私がやっている商売をよく見てください。勝間和代のオンラインサロン「勝間塾」、格闘技のフィットネスジム「ファイトフィット」、オンラインサロンのプラットフォーム事業、いずれも月謝をいただく商売です。独立してから色々商売をやりましたが、結局成功したものはすべて月額課金ビジネスでした。24歳から32歳で学んだことがまるで「三つ子の魂百まで」のように私の独立後のビジネスの方向性を決めていたのです。

そういう意味では短い銀行員人生も無駄ではありませんでした。大蔵省の規制に守られ、天下りも受け入れてガチガチに固めた安定的な職業でも、バブル崩壊という大きな流れに逆らうことはできなかった。流れに乗らない商売は、親方日の丸でも生きていけないという厳しい現実を知ることができました。そして、銀行のような規制産業、大企業に私は全く向いていないことを自覚できたことも大きな発見でした。しかも、それを1年足らずの短い期間で、時間を無駄にすることなく最小限で学習できたのも収穫だったと思います。考えてみれば意外と人生に無駄がなかった。今はそんなふうに前向きに捉えています。

## 地位財に溺れるだけの経営者はどうなる?

私の周りのお金持ちは大抵の人が経営者、つまりBです。学生の頃に起業してそのままずっと経営者をやり続けている人もいれば、私のように雇われ経営者から一念発起した人もいます。理由はさまざまですが、多くの人がそれまでの経験を生かして儲かる仕組みを作り、それを回し続けることで上昇気流を摑みました。独立した動機も、目指す目標もさまざまです。

しかし、アウトプットはどこか似通っています。まず平日に沖縄でオフサイトミーティングをやっても数日の予定をアレンジして誰もが参加可能です。そして、私が学生雄弁界に深くコミットしているように、多くの人が自分のアイデンティティに深く根差した「非地位財」を求めていたりもします。ありていに言うと理念というやつでしょうか。理念を全面的に押し出している人もいれば、会社は金儲けと割り切って儲けた金で理念の実現を図る人もいます。アプローチはさまざまですが、少なくとも私の知っている範囲ではみんな何かを目指して頑張っています。単にブランド品が欲しいだけでは幸福もやる気も長くは続かないです。おそらく、「地位財」に溺れるだけの経営者は長続きせずに途中で消えているのかもしれませんね。

## 着地点を明確にすることがビジネスで成功するための第一歩

さて、本章で私が語ってきたことをまとめましょう。金持ちには法則があると言いつつ、ここまで語ってきたのはある種の精神論です。自分のアイデンティティに深く根差した目標、着地点を明確にすること。それがビジネスで成功するための第一歩です。そして、次に職業には4種類しかないこと、その中で徐々にシフトしてBを目指しましょう。まずは資格を取ってSになることも一つの手段ですし、私のように「今日からコンサルタントでございいごっこ」と資格もないのにSごっこしてしまうのもアリです。そして、Sとして仕事をたくさん取って事業を大きくしていくうちに、いつの間にかチームで仕事をするようになります。そのチームの動きを仕組み化すると気が付いたらBになっているなんてことはありませんか？　実は私はそんな感じで30代半ばにはささやかなBになっていました。最初にインプットした目標、そして自分の立ち位置を知るためのキャッシュフロー・クワドラントを意識して、じわじわとBに引っ張っていった感じです。かなり根性いると思いますが、やることは極めて単純です。

もうここまで読んでコツが分かった人は、とっとと実践していただいて構いません。これ以降は実践をするうえで気を付けるべきことが書いてありますが、実際には読まなくても実践して少し痛い目に遭えば誰でも気付くことです。あまり頭でっかちになって実践が伴わないのも良くないので、とりあえず何か始めましょう。お時間がありましたら、これ以降の部分も走りながら読んでみてください。

## 第1章

# 悪魔祓い

（カモ釣りを逃れるマインドセット）

## 恐れなければならない「悪魔」の誘惑

前章では「自分教」という宗教を持つことの大切さを説きました。教祖も自分、信者も自分。自分がグラつけば教団がグラつき瓦解《がかい》する。そんな宗教団体の教祖であるあなたが最も恐れなければならないのは「悪魔」の誘惑です。

悪魔とは何か？　それは金持ちになろうとするあなたの足を引っ張る恐ろしい存在です。その手口は簡単です。あなたを騙《だま》して損させる。たったこれだけのことです。

ところが、多くの人は損することが分かっていて、悪魔のトリックに引っかかります。それだけ悪魔はずるがしこく、その手口は巧妙なのです。とはいえ、騙される側に全く落ち度がないかというとそうでもありません。むしろ、大いに問題があります。

前章で説明した地位財と非地位財の話を思い出してください。あなたが本当に手に入れたいプライスレスなモノ（非地位財）を目標に、それ以外の誘惑は断ち切るべきです。私は地位財を永久に買うなとは言いません。しかし、あなたが本当に金持ちになるまでは購入を手控えるべきだと思います。

この本は金持ちになる法則について書いた本なのに、なんか「清貧の思想」みたいな話ばかりで恐縮です。しかし、これはとても大事な初期設定なので言わせてください。最初にボタンを掛け違えたら、最後まで間違ってしまいますので。

**『金持ち父さん貧乏父さん』のロバート・キヨサキ氏も「長い目で見た場合に大切なのは、どれだけの金を稼げるかではなく、どれだけの金を持ち続けることができるか」**と述べています。悪魔はあなたがお金を持ち続けることを妨害します。そして、今の収入が永遠に続くと錯覚させて、多額の借金をさせたうえにあなたに負債を買わせようとします。多くの人がその罠にハマり、せっかく築き上げた資産を失います。キヨサキ氏は著書の中でこんなエピソードを紹介しています。

「今朝の新聞にも、一年前には数百万ドルの金を稼いだプロバスケットボールの若手選手の話が載っていた。この若者は友人や弁護士、会計士たちが自分の金をむしりとっていったと嘆いていた。そのせいで、いまではわずかな給料で洗車場で働いているというのだ。まだ29歳の若さのこの青年は、車を洗うときに、現役時代の優勝の記念である指輪をはずすことを拒んだために洗車場を首になり、それがきっかけで新聞にとりあげられたのだ。

彼は虐待と差別を理由に解雇を不服として訴えを起こしていた。自分に残されたのはこの指輪だけであり、それをはずしたら自分は何者でもなくなってしまうというのが彼の主張だった。

最近は一夜にして億万長者になる人間があふれている。まるで繁栄の20年代がふたたびやってきたようだ。みんながどんどん裕福になるのは喜ばしいことだ。ただ、長い目で見た場合に大切なのは、どれだけの金を稼げるかではなく、どれだけの金を持ち続けることができるか、子供や孫など、何世代先までそれを残すことができるかだ。」

【出典：『金持ち父さん貧乏父さん　アメリカの金持ちが教えてくれるお金の哲学』（筑摩書房）ロバート・キヨサキ著】

## 悪魔は金持ちになる前からカモを狙う!?

これは日本の芸能界にもよくある話です。バブル期に『教師びんびん物語』で一躍スターとなった俳優の野村宏伸《のむらひろのぶ》さんは、絶頂期の年収は約1億円だったそうです。28歳で世田谷に110坪、2億4000万円の豪邸を建てました。あーあ、やっちまった。その後、野村さんがどうなったか？

「どんどん増え続ける収入に感覚がおかしくるほどだったという野村。ある時、友人にお金を貸して欲しいと頼まれ「月末に返してくれるなら」と3000万円を貸した。さらに別の友人にも1000万円単位で貸し、合計で7000万円に達したが、その金は今も返ってきていないことを明かした。

そのうち「びんびん」シリーズも終わり仕事が激減。残っている家のローンの支払い。また、豪邸だけに使用する電気量も多く、電気代だけで月10万円かかることもあり、生活費は月100万円を超えていたという。仕方なく豪邸を手放したが、借金2000万円が残った。」

【参考：野村宏伸が波乱の半生明かす…年収1億から借金転落『日刊スポーツ』（2015年12月11日）https://www.nikkansports.com/entertainment/news/1578113.html】

マイホームがまさに負債に転換したという話です。芸能界やスポーツ界においてはこの手の話はよくあります。みんなお金持ちになることに高いモチベーションは持っていても、得たお金を維持するための知識やノウハウを持ち合わせていないからです。そして、何よりも悪魔はそんなカモを狙っています。しかも、金持ちになる前から。

多くの金持ちはビジネスで成功することによって、お金を得ています。キャッシュフロー・クワドラントで言うならBになることが最も確率の高い金持ちへの道です。だから、あなたがまだ金持ちになっていないとしたら、自分でビジネスを興して、それを軌道に乗せることにチャレンジすべきです。ところが、事業を興す前から悪魔はあなたを狙っています。そして、あなたにたくさんの足枷《あしかせ》をハメて、そもそも会社を辞めて独立しようなんて気を起こさせないように追い込んでいきます。

その罠の典型が住宅ローンです。日本の住宅ローンは家を売却して残金を払いきれなかった時でも返済義務が消滅しません。住宅ローンの返済が滞るような状況にいる人は、通常定期的な収入を得られない状況にあるのに、借金だけは残る。会社をリストラされたり、商売に失敗したり、ただでさえ厳しい状況なのに、まさに泣きっ面にハチ。実は、バブル崩壊以降2012年頃まで、日本の自殺者がそれまでの平均より年間1万人も増えてしまった理由がこれです。

## 家なんて持たないに越したことはない

起業には大きなリスクが伴います。収入も安定しませんし、失敗すれば一時的にアルバイトなどをして凌《しの》がなければならない可能性もあります。ところが、住宅ローンを抱えていると、その返済が最優先され、自身のビジネスにおける再起は二の次になってしまいます。

また、家を買った人はその家に対する強いこだわりを持つようになり、家を失うとモチベーションがガタ落ちしてしまうこともあります。かく言う私も、１９９８年に買った家を3年半で手放した時に大きな精神的ダメージを負いました。そのことについての詳しい経緯は拙書『家なんて２００％買ってはいけない！』（きこ書房）をお読みください。

だから、家なんて最初から持たないに越したことはないんです。持つことによって守りに入らざるを得ない。これから金持ちになろうとする人は、「じゃんけん３００回」みたいな攻めの姿勢を保たなければならないのに、なぜ弱点をわざわざ作るような真似をするのでしょう。しかも、「じゃんけん３００回」は3回戦ったら2回負けることを想定した戦いです。最初は高い確率で負けます。だから、全滅しない程度で戦闘を停止し、やり方を変えて再度戦いを挑まなければなりません。世にいう「試行錯誤」というやつです。

ところが、住宅ローンのような弱点を抱えていると、負けるたびにその返済を心配して余計な心労が溜まります。起業自体にある程度のストレスがかかるのに、それに加えてローンの心配までしていたらメンタルが持ちません。

心の病気を予防するメソッドを多くの企業に導入している株式会社メンタルヘルステクノロジーズ代表の刀禰《とね》真之介《しんのすけ》さんによれば、人間の脳は大量のノイズに晒《さら》されるとPCと同じように動作がおかしくなるそうです。コンピューターを使い、大量の情報を処理するようになった現在、それに比例して心の病気が増えているのはむしろ当然とのこと。住宅ローンのストレスは間違いなく悪いノイズです。それを発生させているのがマイホームなわけですから、そんなもの最初から買わなければいいのです。

家は必要に応じて借りて住む。ビジネスに失敗してお金がなくなったらもっと安いところに引っ越せばいい。極めて当たり前のことですが、多くの人はいろんな理由をつけてこれを実践しようとしません。「家賃よりローンが安い」とか、「子供の学校がー！」とか、「地元に思い入れがー！」とか……本当に言い訳はクリエイティブです。

ちなみに、私のビジネスパートナーである勝間和代氏は「収入の7割から8割で生活する習慣」の重要性を強調しています。例えば、給料が振り込まれる口座から2割を天引きして後述するドルコスト平均法で投資し、残りのお金で日常を設計せよとのことです。家賃の適正金額について収入の3分の1とか一般的に言われますが、勝間氏のこの理論に従えば、家賃を含む月々のランニングコストの合計が月収の7割か8割に収まれば何でもいいわけです。仮に、収入が25万円だったとして、その8割は20万円になります。いいところに住みたいなら、家賃を15万円に設定し、その他の費用は切り詰めて5万円にすればいいし、逆に住むところはどうでもいいと言うなら、家賃を5万円に設定し、残りの15万円でおいしいものを食べたり、いい服を着たりすればいいわけです。最終的に家賃とその他をどうバランスさせるかはあなた次第です。もちろん、給料の3分の1の8万3000円を家賃としても構いません。

## マイホームはただの負債

さて、話を戻します。本当に「家賃よりローンが安い」とか、「子供の学校がー！」とか、「地元に思い入れがー！」とかいうことにこだわっているのなら、金持ちになることは諦めてそちらの世界で一生終わるのも悪くないですよ。私も終身雇用の銀行員が向いていたら多分そうしていました。日本長期信用銀行は1998年に破綻しましたが、その後多くの長銀マンが2000年頃進出してきた外資系の金融機関や新興のネット証券に転職しました。そのまま転職先で役員や本部長になっている人もいるそうです。

そういえば、以前私の会社の取引先の銀行で支店長が交代して挨拶に来たことがありました。応接室に入ってきたのはなんと高校の同級生でした。私も銀行員を続けていたら今頃支店長ぐらいにはなっていたかもしれませんね。

私はリスクを取らない生き方を否定するわけではありません。ただ、それは私が望んでいたこととは違うというだけの話です。なので、マイホームにどうしてもこだわりがある人はむしろ金持ちを目指すよりマイホームを守る活動に専念すべきだと思います。住宅ローンを抱えている人が無理して起業して金持ちを目指すことは正直お勧めできません。

今でこそこんな偉そうな警告を発している私ですら、「永遠の4年生」という人生の目標を持ったのとほぼ同じ時期に、何も考えずに家を買ってしまいました。平成9年のことです。昭和が終わってから10年も経っていなかったこの頃、未だ昭和的価値観が優勢でした。土地バブルはとっくに崩壊していましたが、人々の多くはいずれまた土地価格は上昇するだろうという期待を抱いていました。「今が底」「金利が安い」などと悪魔たちが私を煽《あお》りまくっていたのは事実です。そして、その煽りにまんまと乗ってしまった私にも「家を一軒買って初めて一人前」という昭和的な思い込みがありました。私の父親はマイホームを買うのに非常に苦労していて、実際に家を買った時は42歳でしたから。それを29歳に前倒しして実現することができるということに非常に興奮したものです。また、一旦家を買うと決めてしまうと、だんだんテンションが上がってきて後戻りができなくなります。床暖房や浴室乾燥といった転売価値ゼロの設備にアホみたいに金をかけてしまう人間の悲しい性《さが》。私が舞い上がっている間に、悪魔は私を完全にはめ込んでいました。

だからこそ、ロバート・キヨサキ氏の『金持ち父さん貧乏父さん』を読んだ時は、愕然としました。29歳で家を買ったことをある種の誇りにしていたのに、よく考えたらこれはただの負債だったわけですから。そして、独立を機に家を売った時も、「負債の処分なのでこれはいいことなのだ」と頭では分かっていましたが、精神的なダメージは相当に大きかったです。ただ、私の場合、住宅ローンの繰り上げ返済をかなり積極的にやっていたので残債は残らず、売却代金の一部は手元に残りました。

起業したての頃は、財産を家で持っているより現金で持っていたほうがいいに決まっています。家を売って1000万円以上損して、本当に凹《へこ》みましたが、一部お金が返ってきたことで多少の心の平安を取り戻すことができました。

## 不動産業界には悪魔がたくさん存在している

さて、マイホームと住宅ローンが起業しようとするあなたにとってどれほどの猛毒かはご理解いただけたでしょうか？　しかし、これほどの猛毒であるにもかかわらず、そのパッケージはおいしいジュースにしか見えません。不動産業界には悪魔がたくさん存在しており、人を騙す「カモ釣り」行為を頻繁に行っています。テレビのワイドショーの企画でもたびたび「理想の家」を探すといったものがありますよね。家を忍者屋敷のようにリフォームして「なんということでしょう！」と持ち上げる番組もありました。テレビも不動産業者も銀行も悪魔に満ち溢れているのです。

では、マイホームでなく貸家への投資なら安心できるでしょうか？　甘いです。甘すぎます。むしろ、貸家を売る人たちの中にこそトンデモない悪魔が隠れています。

以前、大きな社会問題になった「かぼちゃの馬車」事件を憶えていますか？「かぼちゃの馬車」とは、株式会社スマートデイズが手掛けたシェアハウスのブランドです。彼らは投資家（といってもただの素人）に「建てられた物件をサブリースで家賃保証」とか、「融資が受けられるので元手は最小限」などと声をかけ、勧誘を行っていました。

彼らの説明によれば、建てられたシェアハウスはサブリース会社によって一括借り上げされ、サブリース会社はそこにマージンを乗せて個人向けに貸し出すことで利益を得ます。シェアハウスの需要が旺盛で、サブリース会社に入居希望者が殺到する状況が続けば成立するビジネスモデルでした。

ところが、そんな甘い見通しが正しいはずはありません。いや、むしろ完全に間違っていました。そもそも、シェアハウスの建設費がボッタクリでした。1億円の建物を2億円で発注しキックバックさせるという詐欺まがいの手口で投資家は大損させられていたのです。さらに、融資のために銀行に提出した顧客の収入や資産に関する書類も、無理やり審査を通すために大幅に改竄《かいざん》されていました。ハッキリ言って私文書偽造レベルです。ところが、スマートデイズと結託したスルガ銀行がこのインチキをスルーしました。さらに、これを監督すべき金融庁の森信親《もりのぶちか》長官はスルガ銀行のビジネスモデルを絶賛していたのです。

## 地位財の中で最も高い買い物である家

ところが、このスルガ銀行を〝べた褒め〟していたのは、森長官その人だった。森長官は、黒田東彦・日銀総裁が進めるマイナス金利政策のなかで、一貫して「個々の地銀が創意工夫して、既存のビジネスモデルではない、新たなビジネスモデルをつくり上げることが重要だ」と力説してきた。

「森長官が新たなビジネスモデルづくりに取り組む代表例として、事あるごとに取り上げたのがスルガ銀行だった。とにかくスルガ銀行の姿勢、ビジネスモデルについて、素晴らしいと絶賛していた」（ある地銀の幹部）

しかし、状況は一変する。スルガ銀行の新たなビジネスモデルは、一転して〝詐欺の片棒〟とまでいわれるような代物だった。そこで、森長官は見事な〝手のひら返し〟を見せる。スルガ銀行を批判し、スルガ銀行に対して銀行法に基づく報告徴求命令を出したのだ。これには、銀行業界も開いた口が塞がらなかった。

【出典：森金融庁長官、「詐欺の片棒」批判受けるスルガ銀行を絶賛↓信用凋落…財務事務次官就任説も『Ｂｕｓｉｎｅｓｓ Ｊｏｕｒｎａｌ』（２０１８年４月４日）https://biz-journal.jp/2018/04/post_22884.html】

　そもそもスマートデイズが投資家に示した収益計画そのものが鉛筆ナメナメ作ったデタラメだったのです。被害に遭った投資家の多くはサラリーマンで、中には大企業の管理職もいたと言います。まさに悪魔の誘惑に騙されて、金に目がくらんだのでしょう。結局は、多額の借金を背負い、ゴミ以下の負債を押し付けられてしまいました。この手の素人相手の不動産投資案件には詐欺まがいのものが多いです。基本的に、不動産は向こうから売りに来るものにはろくなものがないということを理解しましょう。

　このように、地位財の中で最も高い買い物である家には、それがマイホームであろうと、貸家であろうと、大きな罠が仕掛けられています。何も考えずに手を出せば必ず痛い目に遭う。それぐらい警戒しておいてちょうどいいぐらいです。もちろん、資産になる家というのも存在はしています。そして、不動産投資案件のすべてが詐欺ではありませんし、実際に儲かっている人もいます。逆に、全部が全部損するわけではないので見極めが難しい。

多くの人にとって家を買うことは一生に1回か2回の経験であるのに対して、売る側の悪魔は毎月何件もやっている仕事です。これほど情報の非対称性があれば戦う前から勝敗は決まっています。

少なくとも私には不動産投資センスはありませんでした。というか、マイホームの購入と売却で大損して心が折れました。もうかかわりたくない（笑）。だから、ビジネスである程度成功した今でも、賃貸暮らしを続けています。賃貸だってちゃんと探せばいい物件はありますよ。結構快適なのでこのまま一生賃貸住まいを続けようかと思っています。ちなみに、家賃が50万円以上の賃貸物件に住んでいる人は私と似たような考えを持っている人が多いです。昔痛い目に遭ったかどうかは知りませんが。

## 資産の大半がマイホームの貧乏父さん

とはいえ、それでもどうしてもマイホームを欲しいという人もいるでしょう。そういう人は、ぜひ金持ちになってから買ってください。まず複数の資産を持ちそこから上がってくるキャッシュで暮らせる状態であることが前提です。つまり、あなたがBかIになって、

## マイホームを買わないほうがよい
## 資産と負債のバランス

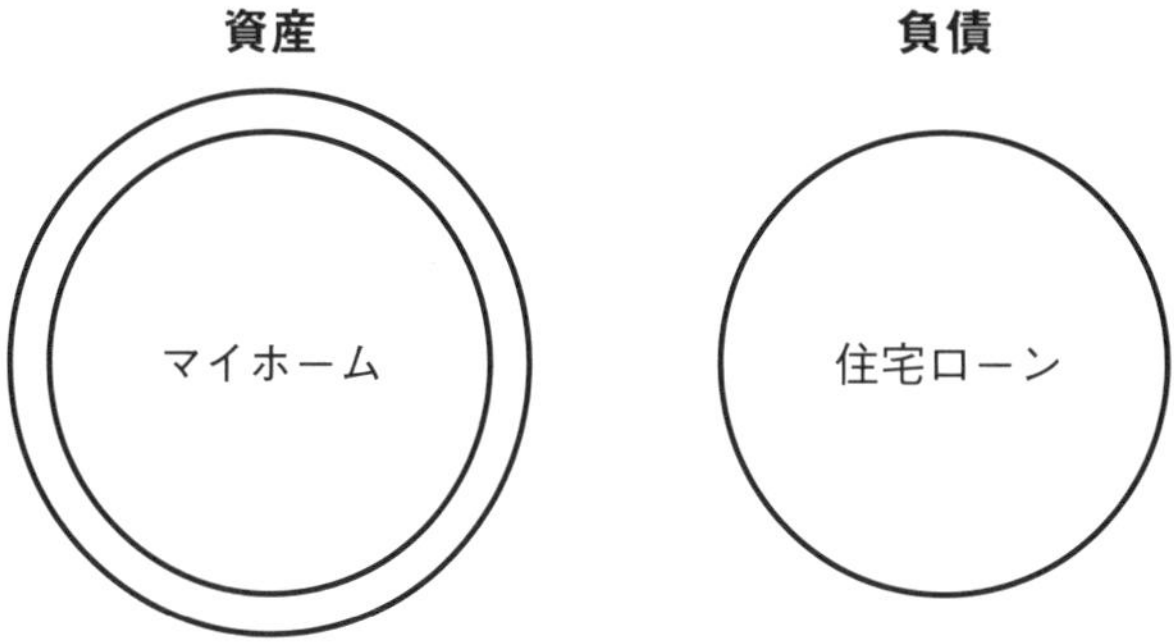


複数のキャッシュを生む資産を持ってからどんなマイホームを建てるか考えてください。

　ほかの資産のキャッシュフローでマイホームのローンを埋めて余りある状態であれば失敗しても傷は浅いです。資産からのキャッシュフローを貯め込んで、ローンを組まなくても即金で買えるならそれでも構いません。ポイントは、自分の資産の大半がマイホームになっていないこと、同時にローンは自分ではなく自分の資産のキャッシュフローに返済させることです。できれば、ローンのみならず維持費や税金も含めて、自分で払わないようにしたほうがいいです。ざっくりそのイメージを図にすると上記の通りです。まずは「貧乏父さん」から。

資産が負債よりギリギリ大きくなっていますが、資産の大半はマイホーム、負債はそれとほぼ同額の住宅ローンです。このような状態は借金をして1つの物件に全力一点投資しているのと同じです。もし、あなたのお父さんが年収の10倍も借金をしてフィリピンのバナナ農園に投資すると言ったらどうします？　それが原油の先物であっても普通は止めますよね？　しかし、残念ながら日本のサラリーマンの多くがマイホームに対してそれと同じことをやっています。そして、なぜかマイホームが対象となると誰も止める人がいなくなってしまいます。

私が29歳で家を買った時、そこそこ給料は稼いでいましたが資産と負債のバランスはまさに貧乏父さんそのものでした。私は『金持ち父さん貧乏父さん』を読んでこのことに気付いてしまい、大変後悔したことを憶えています。だから、必死で住宅ローンの繰り上げ返済をしました。気が付いてよかった!!

## 金持ち父さんは道楽でマイホームを買う

次に、家を買っていい状態、つまり「金持ち父さん」について見てみましょう。

資産全体に占めるマイホームの割合は最小限です。そして、負債は資産より圧倒的に小さくなっています。負債がマイホームより大きいのはマイホーム以外の資産を得るために資金を投じたからです。とはいえ、資産規模から比べれば負債は微々たるものです。だいたいこういうイメージに収まるのであれば、道楽でマイホームを買ってもいいのではないでしょうか。私の見方は固すぎますかね？

私の場合、ＩＴバブル崩壊と同時期に起業し、アベノミクスが始まるまで10年以上デフレのどん底を匍匐《ほふく》前進してきました。そのため、戦いを続けるためには借金はなるべくしないようにすることが必要でした。

私が事業で銀行融資を使い始めたのは２０１８年のことです。起業したのは２００１年ですが、それまではずっと無借金経営でした。アベノミクスが始まってから５年経ってさ

## マイホームを買ってもよい
## 資産と負債のバランス

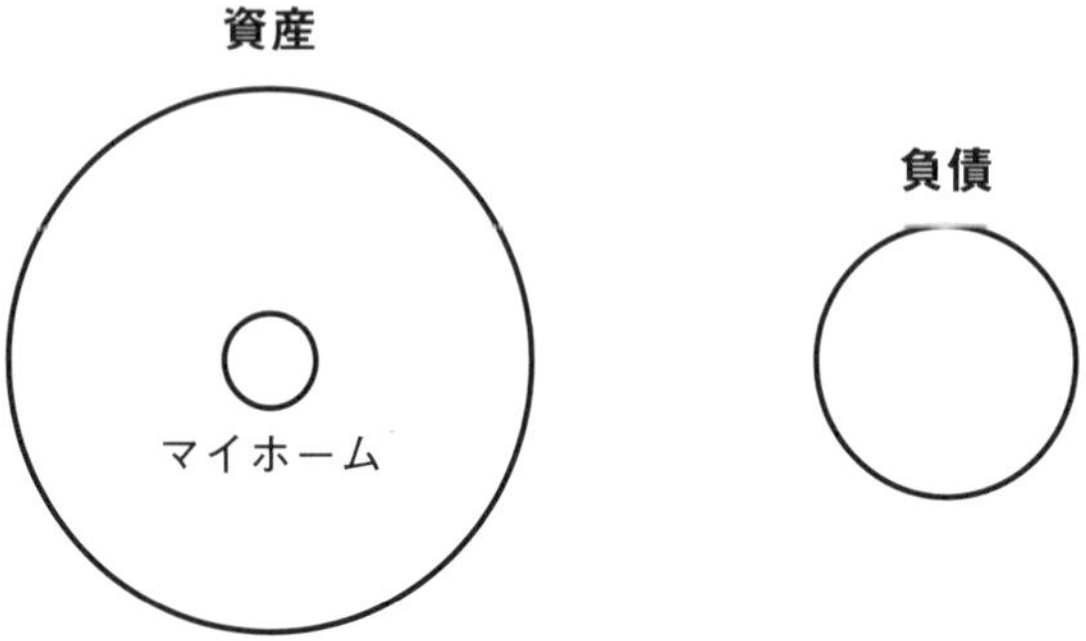


すがにもうデフレはないだろうと安心できるまで、私は銀行に対する警戒感を解くことができなかったのです。ある意味、デフレのトラウマ（心的外傷）だと思ってください。割とメンタルは強いほうだと思っていたんですが、こればかりは仕方なかった。

　だから、私が描いた金持ち父さんの貸借対照表の模式図では資産に比べて無視できるほど負債が小さくなっている点はご理解ください。多分、負債がもっと大きくても精神的に大丈夫な人もいると思います。立派です。そういう人は会社を何倍にも成長させ、上場させる人だと思います。おそらく、私にそれは無理です。そもそも、大して物欲もなく、非地位財の着地点の見えている私にとって、そんな大それた成功は元々必要ないですから。その恐怖に耐えるモチベーションがありません。この図にある通り、そこそこのレバレッジをかけて、それで儲けられる範囲で十分満足です。

## 金持ちは資産、貧乏人は負債を買う

さて、悪魔の誘惑と負債の恐ろしさについて、地位財の最高峰である家を使って説明してきましたが、実は警戒すべきものは家だけではありません。地位財はほかにもいっぱいあります。例えば、私の「教団」においては、家のほかにも車と時計を買うことが禁止されています。理由は家と同じです。家はマイホームとして使う限りキャッシュを生まず、維持費や税金などでキャッシュを食い続けます。車も仕事で使わない限り同じです。時計に至っては、単なる自己満足。何のキャッシュも生みません。そして、これらは基本的に地位財なので、いくら買ってもその満足感は長続きしません。もっと修業して「自分教」を極めましょう。そして、あなたにとっての非地位財を先に見つけてください。

但し、何度も言いますが、地位財は一切買ってはいけないということではありません。

「自分教」をまだ持っていない人がハマってしまうと危険だということが言いたいわけです。そもそも、ブランド品を持つことにアイデンティティを見出している時点でカモになりやすくなります。修業が足りない人は悪魔に狙われますのでお気を付けください。

なお、『金持ち父さん貧乏父さん』の著者であるロバート・キヨサキ氏は資産と負債について次のような趣旨の発言をしています。これは非常に大事なことなので暗記してください。

「金持ちはお金を使って【資産】を買う、貧乏人はお金を使って【負債】を買う」
「資産とはキャッシュを生むもの、負債とはキャッシュを食うもの」

家や車であれば活用の仕方によってキャッシュを生むことは可能です。しかし、時計やブランド物の服などは何をどうやってもキャッシュを生むことは難しい。もちろん、難しいというのはゼロではないです。例えば、最近ではブランドバッグのレンタルという商売があり、バッグを買ってそこに預けると貸し出しによる利益に応じた分配を受けられるそうです。では、ブランドバッグを大量に購入してそれをレンタルすることで生活できるかというと、さすがにそこまでは無理です。高い時計や車に乗ることで相手にナメられないようにしているという人もいますが、私の商売上の経験から言わせてもらうと、そういう外見で判断する人はあまりお仕事をくれない人です。経験上、「上念さんは長銀出身なんですね。優秀なんですね」という人から仕事をいただいたことはないですから。仕事をくれるかくれないかはその人が約束を守ってきたかどうかであって、服も時計も出身大学もあまり関係ありません。もちろん、小汚いよりは小綺麗《こぎれい》なほうがいいですけど、芸能人並みに外見にこだわっても本人の自己満足で終わるでしょう。

とはいえ、複数の資産からの有り余るキャッシュフローがある人は、どうぞ時計や服や車を買ってください。維持費も含めて余裕で負担できるでしょうから。それに、一瞬でも心の安らぎを得られますし、何より日本経済に消費を通じて貢献できるじゃないですか！（笑）

しかし、これから金持ちになるために、リスクを取ってチャレンジしようとする人はそういうことをすべきでない。まだ駆け出しのあなたが、今後本格的にお金を儲けてお金持ちになろうとするなら、悪魔祓《ばら》い（カモ釣りを逃れるマインドセット）をするべきです。悪魔と戯《たわむ》れていいのは余裕のある人だけ。繰り返しますが、見習い、駆け出しにはまだ早いです。

しかし、大変残念なことに、まだ駆け出しの人も含めて多くの人が悪魔に取り憑《つ》かれています。なぜそうなのか？

## ヴェブレンの「見せびらかし消費」とは？

今から100年以上前に、経済学者のソースティン・ヴェブレンが「見せびらかし消費（誇示的消費）」という概念を提唱しました。黄金の1920年代、アメリカで大きく資本主義が発達してたくさんの金持ちが生まれると、彼らはこぞって「高いもの」「珍しいもの」を買い漁《あさ》りました。ヨーロッパの貴族たちとは違い、文化的素養がない、いわば成金趣味のアメリカ人が気前よく消費することで社会的威信を誇示しようとしたからです。

その後、世界的に旧来の身分制度が解体され、「格」よりも「金」が重んじられる世の中が到来しました。すると、このアメリカ的「見せびらかし消費（誇示的消費）」は全世界に広がっていったのです。もちろん、ヨーロッパや日本のように文化的な蓄積のある国ではそれが100%受け入れられたわけではありません。しかし、じわじわと確実に広がっています。近年のＳＮＳの流行はそれに拍車をかけたと言われています。

皆さんの周りにもいませんか？　肉の塊の写真を撮って「にくーー！」とコメントを付けてアップしている人。シャンパンの泡でも、リゾートでも、パーティーでもよく見かけますよね？　最近ではコメントで「盛る」人も増えています。時には、その辺の何の変哲もない蕎麦屋さんやパン屋さんにものすごい蘊蓄《うんちく》を盛り付けてアップしたりして（笑）。とにかくキラキラ輝いていないと気が済まない人たちが増えています。これこそが、「見せびらかし消費（誇示的消費）」です。もちろん、皆さんもお分かりだと思いますが、この消費は底なし沼です。だから、多くの人が疲れています。それでも、一度ハマったらなかなか抜け出せない。まさに悪魔の所業ですね。

## 悪魔は確率と統計で勝負する

そして、悪魔はそんな人間の弱さに付け込みます。ＳＮＳでキラキラするぐらいなら、まだ傷は浅いですけど、もっと大きな負債を資産だと偽り、あなたに買わせて損をさせようとしてますよ。極めて残念なことにこの世は悪魔だらけ。犬も歩けば悪魔に当たる。そしてあなたはカモです。ＳＮＳでキラキラしている人なんて絶好のターゲット。だから悪魔からのターゲット広告が大量に入ってきていませんか？　Ｆａｃｅｂｏｏｋにも最近資産運用を謳《うた》う広告が溢れています。驚異の利回り20％とか、建築不可物件を再生しますとか……。悪魔は確率と統計で勝負しているのです。

　この手のターゲット広告で売られているのは山のような負債です。もちろん、「これは資産です」というラベルを貼ってありますので、軽率な人は騙されます。文字通りカモ。基本的に、世の中には大量の負債が出回っていますが、それに比べて資産はほとんど出回っていません。

　だから、駆け出しの皆さんは、資産を買うことを考えるより、負債を買わないことを心がけたほうがいいです。負債に出合う確率のほうが圧倒的に高いですから。チャイナの故事に、名馬と駄馬を見分ける伯楽の話があります。伯楽は普通の弟子には名馬の見分け方を教えますが、これはと思う優秀な弟子には駄馬の見分け方を教えると言います。つまり、昔からこの世は駄馬（負債）に溢れていて、名馬（資産）に出合うことは稀《まれ》であるということです。

　さて、ここでポイントです。私は「この世は駄馬（負債）に溢れていて、名馬（資産）

に出合うことは稀である」と言いましたが、これは名馬（資産）が1頭も存在しないという意味ではないことに注目してください。裏を返せば、出合う馬の99％以上が駄馬（負債）であっても、一生のうち数回は名馬（資産）に出合うチャンスがあるということです。名馬（資産）に出合ったらあなたはどうしますか？　私なら金に糸目をつけずに買います。しかし、金に糸目をつけずと言っても自ずと買える金額には限界があります。普段からブランド物や時計などの地位財を買いまくって散財していると、名馬（資産）を見つけたいざという時に資金が不足します。その時、都合よく借金ができればいいのですが、日本の銀行はお金のある人にしか貸してくれません。なので、銀行に期待しても無駄です。

## 名馬の名は日経平均やTOPIX

2012年11月に当時の野田総理が解散総選挙を宣言した時、私は名馬がやってきたと思いました。その名馬の名は日経平均とか、TOPIXと言います。

日本経済はバブル崩壊以来長期低迷に陥り、株価は1万円を割り込んでいました。その原因は日銀による金融政策の失敗です。日銀はインフレを過度に恐れ、大規模な金融緩和を怠り、その結果物価がマイナス（デフレ）に陥るという間抜けなことをしていたのです。本来これを正すのは政治の役目でした。ところが、民主党政権はグダグダで官僚がやりたい放題だったのです。そんな民主党政権が終わることが確実となった11月、自民党の総裁は安倍晋三氏でした。自民党総裁候補の中で、唯一金融緩和の重要性を語っていた人です。間違いなく、間違った日銀の金融政策は正される、そしてお金をたくさん刷って大規模な金融緩和が行われることは確実だと私は判断しました。だから、私は選挙の投票日までの約1か月間、株（指数連動ＥＴＦ）を買いまくったのです。この時、日経平均は８０００円台でした。私はほぼ全財産を日本株に投資し、約6年後の２０１８年に売却しました。売却時に、日経平均は2万３０００円台になっていました。まさに名馬!!　一生に一度の大勝負でした。

私が２０１４年から格闘技のジムを開業できたのも、この時の株式投資による含み益という余裕があったからです。余裕があればリスクが取れる。リスクを取ればリターンがある（運が良ければ）。デフレの時は現金で資産を保有するのが一番有利でしたから、儲けたお金は現金で貯め込み、名馬（資産）を見つけるや迷わず全力で買う。ゼロから始めた私にできるせいいっぱいのことでした。そして、その賭けに勝った。おかげで今の私があります。この瞬間、私はBからIの端くれに仲間入りしたと思っています。もちろん、私が現金で資金を貯め込まずに、地位財を買って満足することもできました。その頃は一応Bの端くれではありましたし。しかし、それではIにはなれなかった。私はIになってもっと自由になりたかった。やはり着地点のイメージをしっかり持っていたことで、行動がブレなかったのだと思います。

## 一番アテになるのは自分のお金

少し話はそれますが、世の中の頼れるものには優先順位があるということを書き留めておきます。これは私が独立してすぐに悟ったことです。まず、一番アテになるのは自分のお金です。お金は私の言うことを絶対に聞いてくれるし、使えば使っただけの効果、効用が得られます。そういう意味では100％信頼することができる。起業したてで、誰からも信用されない私でしたが、持っているお金だけはみんなが信用してくれました。

お金の次にアテになるのは自分の実力です。もっと具体的に言えば、自分の責任においてできること。例えば、1か月の間に新規契約を100件取る能力みたいなものをイメージしてください。ビジネスというのは約束です。顧客に何かを約束し、期日までにそれを達成する。そして、その対価としてお金をいただく。極めて単純です。しかし、約束通り達成できるかどうかは自分の実力次第です。実力もないくせに約束をする人は目の前のお金を失うばかりか、将来のお金も失います。ということで、実力は目には見えませんが、その使い方さえ間違えなければ、お金に変えることが可能です。この点で、お金の次に信用できると言っていいでしょう。

3番目にアテになるのは利害関係を共有する仲間です。一人の実力では対応しきれない約束をみんなで共有して達成し、対価を得る。そしてそれをみんなで分配する。こんなディールで結びついた仲間であれば、全員の稼働をお金に変えられます。仲間が増えれば仕事を仕組み化し、B（Ｂｕｓｉｎｅｓｓ Ｏｗｎｅｒ）になることも可能です。とはいえ、お金や自分の実力に比べて不確定要素も多く、一定のリスクがあります。

そして、最後に全くアテにならないものを挙げておきましょう。利害関係を共有しない友達です。私は美しい友人関係を否定するつもりはありません。あくまでも金持ちになるための活動を推進するに当たり、アテにしてはいけないものとしてこれを挙げました。だから、商売が行き詰ったからといって、利害関係もない友達に借金をお願いしてはいけません。商売は商売、友情は友情。この線引きがいい加減な人はビジネスで成功できないと思います。

私は２００１年に起業してから、２０１８年まで無借金経営を貫きました。銀行からも、親戚からも、友達からも一切お金は借りませんでした。強いて言えば、「事業主貸」で私個人から会社にお金を入れることは何度かありましたけど、本当にそれだけです。自分の金は一番アテになるものですから、それだけをアテにして他人には一切迷惑をかけないようにしました。金持ちになるために友達を失うなんて馬鹿げています。この辺はしっかりと一線を画しておくことをお勧めします。

# ―第2章―

# 万物流転、ピンチはチャンス

## 逆張りした人は自由化の勝者に

今から約30年前の1991年、日本の農業、畜産業が終わると言われたある事件が起きたのをご存知でしょうか？　それは牛肉とオレンジの自由化です。それまで規制によって守られてきた産業が、自由貿易と国際競争に晒される。あの時、テレビや新聞は国内の畜産業者とみかん農家が全滅すると大騒ぎをしました。

しかし、結果はどうだったでしょう？　マスコミ報道とは裏腹に、国産牛肉の生産は自由化以降も減りませんでした。むしろ、牛肉全体の消費が増え、なおかつ畜産業者の所得まで増えてしまったのです。

【参考：貿易自由化と日本農業の重要品目　https://www.nochuri.co.jp/report/pdf/n1212re2.pdf】

もちろん、すべての畜産業者がその恩恵を受けたわけではありません。むしろ、牛肉自由化で多くの畜産業者が廃業しました。ところが、生き残った畜産業者は規模を拡大し、

## 牛肉の生産・輸入動向

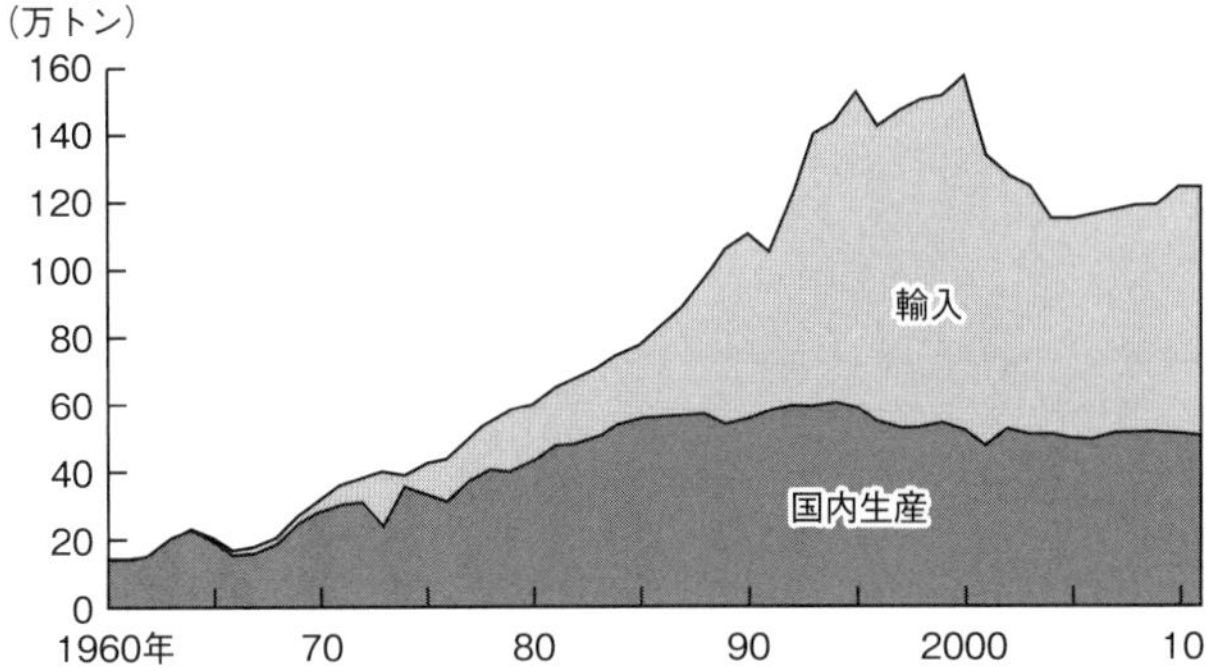


出所：農林水産省「食料需給表」から作成

廃業した分を吸収しました。そのため、グラフの通り全体で見ると生産量は減りませんでした。さらに、「和牛」は国際的なブランドとなり、普通の牛肉とは別次元の単価で取引されるようになりました。このため生き残った畜産業者の所得が大幅に増加したのです。

　マスコミ報道を信じて、畜産業を廃業してしまった人は儲けのチャンスを逃し、このニュースの本質を見抜いて逆張りした人は自由化の勝者となりました。

　テレビや新聞は日本を貶《おとし》める報道ばかりしています。政府が農産物の自由化をしようとすれば、農民は弱者になって保護すべき対象となります。逆に政府が農協に補助金を出そうとすれば、集票のための利権だと攻撃対象になります。とにかく日本政府が攻撃できれば何でもいい。そんな日本のマスコミの情報を鵜呑《うの》みにしたら危険です（この点については第5章で深掘りします）。

さて、当時も新聞が吹聴する悪い噂に流されず、事実を客観的に見て、試行錯誤を続けた人は牛肉自由化の「流れ」を掴みました。2020年8月19日、宮崎県で畜産業を営む株式会社牛肉商尾崎の尾崎宗春社長が私に直接語ってくれた言葉を引用します。

「わざわざ輸入牛肉と競合する分野で競争することはない。手厚いケアで質の良い肉を作ればいい。日本はド田舎でも電気、水道、下水道が通っているし、最高の水が湧いている。いい肉を作って海外からボッタクって仲間におごってるんだ」

「戦後官民一体となって改良した和牛はどこの国の牛にも負けません。日本の綺麗なおいしい軟水で牧草を作って牛に食べさせ、牛に飲ませて、丁寧な仕事をする日本人が作ったおいしい和牛は世界を制覇できる食べ物です。日本人のプライドです。私はその尾崎牛を世界中に高く販売して僕の周りの人たち（特に女性）を幸せに笑顔にします！」

## みかんの生産量が激減した本当のワケ

次に、みかんについて何が起こったのかを確認しましょう。まずは論より証拠。次頁のグラフを見れば一目瞭然です。

【参考：みかんの需給動向とみかん農業の課題　https://www.nochuri.co.jp/report/pdf/n0208re1.pdf】

なんと、みかんの生産量はオレンジ自由化が始まる15年以上前、１９７５年あたりからすでに急減していたのです。１９９１年の時点でみかんの生産量はピーク時から半減しています。つまり、オレンジ自由化とは関係なく、みかん農家はすでに窮地に陥っていました。１９７５年からみかんの生産量が激減した理由は簡単です。それまでの増え方が異常だった。それだけのことです。なぜそんなことが起こったのか？　それは日本の歴史とは切っても切り離せません。

１９５０年代、まだ戦後復興の只中にあった日本は、今よりもずっと貧しい暮らしをし

**みかんの栽培面積・生産量の推移**

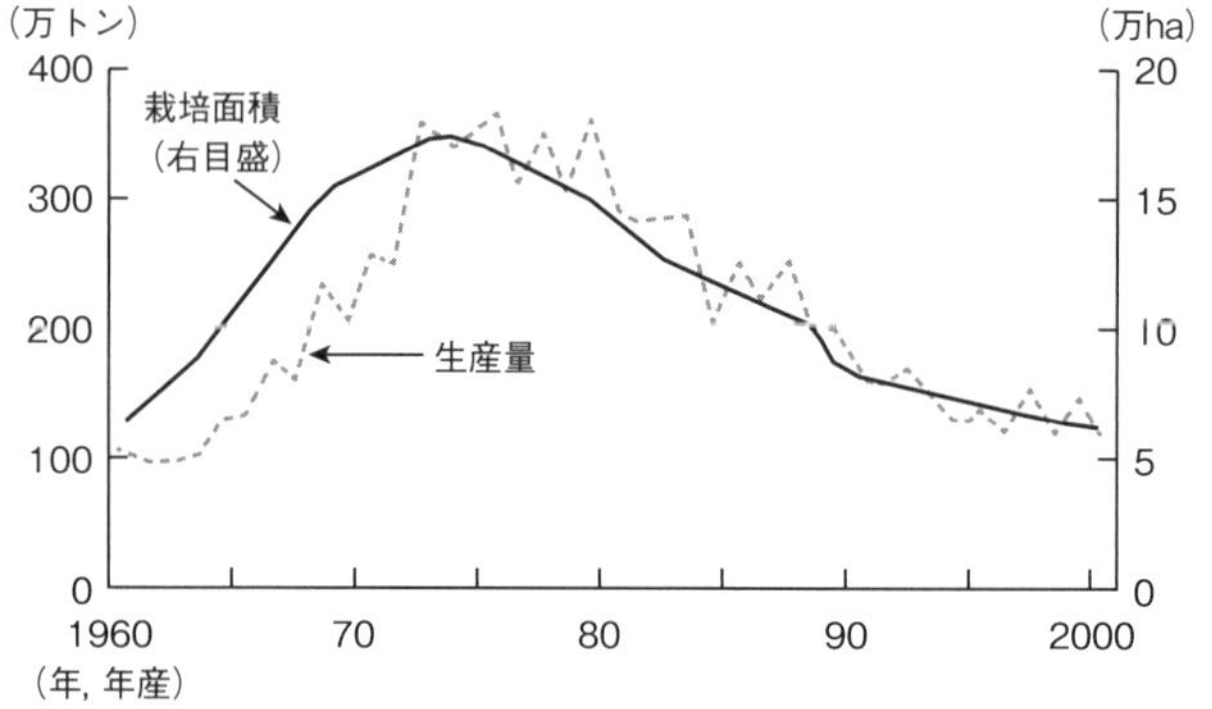


出所：農林水産省『耕地及び作付面積統計』『果樹生産出荷統計』

ていました。その頃、果物と言えばみかんであり、実はかなりの高級品でした。１９６０年代から高度経済成長が始まり、人々の所得が倍増する過程で、この高級品のみかんが飛ぶように売れたのです。そのため、各地の農家は桑畑を潰して大量のみかんを植えました。これが１９７５年までのみかん生産量急増の理由でした。

　ちなみに、みかん畑に転用された桑畑というのも戦前の日本の主な輸出品だった絹製品を生産するために、山の斜面を切り開いて造成されたものです。ご存知の通り、絹の原料は蚕《かいこ》の繭《まゆ》で、蚕は桑の葉を餌にしています。戦後、役目を終えた桑畑を持て余していたところ、みかんブームが到来したのでそれに便乗する新興みかん農家がたくさん出てきたということなのです。

しかし、さすがに10年もみかんを食べまくっていれば飽きてきます。また、１９７０年代に入ると、海外からの果物の輸入が徐々に増えていきました。すると、人々の果物に対する趣向も分散するようになります。一発屋芸人と同じく、爆発的に増えた需要は爆発的に減少する。みかん農家に壊滅的な打撃を与えたのは、オレンジの輸入自由化ではなく、この一発屋的なビジネスモデルのほうでした。

## 大事なシグナルを見逃す人は、儲けも逃す

牛肉とオレンジの輸入自由化にまつわる事件が私たちに示唆することは何でしょう。それは、世の中には「流れ」があるということです。そして、どんなに力のある人でも、流れには逆らっても逆らいきれるものではありません。さらに、この流れはある日突然変わります。いや、本当は流れが変わりそうなシグナルがいろいろなところに出ているのですが、大量のノイズに交じっているため多くの人が気付かないです。

また、ある政策に対して肯定的な情報と否定的な情報が入り混じって判断に困るケース

も多々あります。そんな相反する2つの主張のうちどちらが正しいかを見分けるためには、「一人ディベート」が役に立ちます。ディベートの良いところは、与えられた論題に対して、自分の考えに関係なくくじ引きで肯定、否定の立場が決まることです。例えば、「日本は日米安保条約を廃止すべし」という論題に対して、くじ引きで「安保継続」側になってしまったら、自分自身が安保廃止論者であったとしても、「日米安保は必要だ、廃止すべきでない」と反対の主張をしなければならないのです。

普段私たちが何の気なしに生きていると、自分と正反対の立場に立って徹底的にロジックを組み立てて論争することはまずありません。私はデフレ脱却の必要性を著作などで説いていますが、同じぐらい労力をかけて「デフレ継続」を訴えたり、ましてそれを書籍化したりすることはありません。

ところが、ディベートの場合、くじ引きによって「デフレ継続」側に無理やり立たされたら、それに合わせてリサーチし、データを集めて解釈し、最終的には立論して文章にまとめなければいけません。ディベートでもなければこんなことは絶対にあり得ない話です。

しかし、敢《あ》えて自分の主張と反対の立場を取って、その主張の根拠となる資料のリサーチなどを行うと、相手がそういう主張をする理由や背後にある利害関係など、自分では考えもつかなかったことがいろいろ分かるようになります。また、自分に反対する人間がどのような疑問、質問を投げかけてくるか、あらかじめ反論を想定できるようにもなります。ディベートにおける「敢えて自分の考えとは反対の立場を取る」という技術を応用すれば、世の中に出回る書籍やマスコミ報道などが本当に正しいのかどうかを検証することができます。読後感銘を受けた主張などに対して、自分自身で敢えて否定側に立って反論してみるわけです。「一人ディベート」が明らかにすることは、次の2点です。

**1. ある主張に「反証可能性」がある**
**2. その主張は「反証可能性」があるにもかかわらず現時点では論破できない**

「反証可能性」というのは、その主張が論破される具体的な要件が明確に定義されているということです。要は、「これが証明できたら自分の主張を撤回してもいい」という条件を明確に提示することが「反証可能性」を示すことになります。例えば私が「お金の供給量を増やせば必ず物価が上がる」という主張をする場合、「お金の供給量をいくら増やしても物価が上がらない」とか、その反対に「お金の供給量をいくら減らしても物価が下がらない」ことが証明されると主張を撤回しなければいけないことになります。

このように、溢れる情報から相反する主張を拾った際には、その2つを一人ディベートでぶつけて反論、再反論を重ねることでどちらの情報が現時点では正しいかの判断が可能です。そして、これこそがノイズからシグナルを見分ける方法でもあります。

しかし、多くの人はこういった頭を使う作業をせず、「偉い人」や「頭のいい人」や「みんな」が言っていることは正しいとばかりに他人の考えを鵜呑みにしてしまうのです。そのことによってノイズは増幅され、シグナルはノイズに埋没して見えなくなってしまいます。大事なシグナルを見逃す人は、儲けも逃す。世の中は厳しい。

## 農水省ですら自由貿易推進という流れには逆らえなかった

話を元に戻します。牛肉とオレンジの自由化のみならず、農産物の自由化に関する国際的な取り組みは戦後一貫して行われてきました。だから、日本が高度経済成長を達成し、先進国の仲間入りをすれば、いずれそのお手本として行動せざるを得なくなるだろうということは予想可能でした。アメリカからそういう圧力を何度もかけられ、そのことは新聞記事にもなっていたのに、このシグナルに気付いていた人は意外と少なかったようです。「そうはいっても、自民党の農林族が守ってくれるだろう」とか、「農水省が守ってくれるだろう」とか、そういう他力本願な発想、親方日の丸な態度で努力を怠っていたのでしょう。しかし、農水省ですら、自由貿易推進という当時の流れには逆らえなかったのです。

さらに、牛肉の自由化を海外産の安い牛肉との正面衝突と捉えた人は完全に流れを読み間違えました。安い牛肉によって需要が喚起され、マーケットが広がるという大きなメリットを見落としていたからです。牛肉を食べる人が増えれば、その中に一定割合でもっとおいしい脂ののった高級な牛肉を食べたいと思う人も出てきます。そこにターゲットして、アメリカの雑な育て方では不可能な肉質を実現してしまったのが日本の畜産業者なのです。これまで農業のついでに牧畜をやっていたようなアルバイト感覚の人はこの時点でついていけなくなりました。そして、尾崎氏のようなプロが残り、さらに肉質を高めて１頭１億円もの値段が付くような高級和牛が誕生しました。

みかん農家についても同じです。その多くは戦前養蚕業のサプライチェーンを構成していた桑畑所有者です。彼らは戦前には繊維産業の流れに乗り、戦後は高度経済成長の波に乗りました。そして、目端《めはし》の利く人は１９７０年代には早々と廃業し、とっくに別のことを始めていたのです。みかんへの需要が永遠に続くと思っていた人は漫然とみかんの栽培を続け、1991年のオレンジ自由化で廃業していきました。

逆に、この波を牛肉と同じような考え方で乗り切って未だにみかんを作っている農家もいます。そんな農家が作る日本の果物はその品質を海外から高く評価されています。次の記事は日本の高級フルーツに対する海外の異常に高い評価について取り上げたものです。

**日本の高級フルーツを実際に食べた外国人「一度食べたら忘れない、天国の味だった！」＝中国メディア**

中国メディア・東方網は21日、超高額な日本の高級フルーツが実際どんな味で、一般的なフルーツとどれだけ違うのかについて紹介する記事を掲載した。

記事は、「日本には本土で栽培された1個数千円、数万円という高級フルーツがある。これらのフルーツは、一体どこがおいしいのだろうか」としたうえで、米国のあるネットユーザーが東京の果物店で約4万3000円を費やして購入したフルーツを食べ比べたことを紹介している。

まずはリンゴだ。1個170円のものと1800円のふじりんごで比較し、1800円のほうを食べた結果、「全然違った。香りがあふれ、噛んだ瞬間に果汁で口の中がいっぱいになるうえ、異常なほどに甘い。人生で食べてきた中で、一番おいしいリンゴだ」と感想が出たことを伝えた。

次は、１本27円と３２０円のバナナの食べ比べ。「外観では高級バナナの方が大きいくらいであまり違いがなかったが、皮をむくと色つやが違った。そして、味は普通のバナナより甘いほか、果肉がしっかりして、なおかつ、ねっとりしていた」としている。

また、１個54円と１０００円の柿の食べ比べでは、「外見は特に違いはなく、普通の柿も食感は悪くなく、甘みも充分だった。続いて高級柿を食べてみたら、噛んだ時の水分が普通の柿の倍は出ていた」と評した。

【参考：日本の高級フルーツを実際に食べた外国人「一度食べたら忘れない、天国の味だった！」＝中国メディア『サーチナ-searchina.net』（２０１８年４月24日）https://www.excite.co.jp/news/article/Searchina_20180424064/】

## 「ナイトの不確実性」とは？

国際情勢や国内政策の変化などに伴い、ビジネスの流れが大きく変わることは意外とよくあることです。ボヤボヤしている人は、その変化に気付かず漫然と商売を続けます。彼らを既得権者と呼びましょう。彼らは政治家に泣きついて補助金をもらって何とかビジネスの延命を図ろうとします。もうこの時点で守りの姿勢、いわば劣位思考です。デフォルトで負け、良くて引き分け。ハッキリ言ってこういう人は経営者に向いていないと思います。

これに対して、牛肉、オレンジ自由化にもかかわらず、生き残った畜産業者やみかん農家は尾崎氏のような「ガチ勢」です。彼らは既得権者がピンチに陥る状況をチャンスだと考え行動を起こしました。駆け出しのあなたのような新興勢力、チャレンジャーにとって、世間的なピンチはむしろチャンスです。あなたには失うモノは何もない。思いっきりリスクを取って挑めばいい。

これは単なる精神論ではありません。経済学の理論でも説明可能な経済の掟《おきて》なのです。

皆さんは、経済学者フランク・ナイトの「ナイトの不確実性」をご存知でしょうか？　ナイト曰《いわ》く、世の中に存在する不確実性には2種類あります。一つが、確率分布が計算できる「リスク」と呼ばれる不確実性、もう一つは確率分布が計算できない「真の不確実性」です。

**〈ナイトの不確実性〉**
**世の中には２つの不確実性が存在する**
**①リスク（確率分布が計算できる不確実性）**
**②真の不確実性（ほとんど発生しないが、ひとたび発生したら天文学的な被害を及ぼす不確実性）**

確率分布が計算できるリスクとは、例えば40歳の日本人男性が大腸がんにかかるリスクとか、20代の若者が車を運転して事故に遭うリスクなどのことです。簡単に言うと、保険会社が保険数理を使って掛け金と保険金のバランスを計算できるようなものが大体これに当たります。自動車保険、医療保険、生命保険などが存在しているということから考えて、自動車事故、病気などの発生確率は計算が可能で、これらはすべて①のリスクに分類される不確実性となります。

これに対して②の真の不確実性とは、発生確率が極めて低いにもかかわらず、ひとたび発生するとその被害が天文学的な水準に及ぶものです。令和の世を生きる私たちにとって、直近の一番分かりやすい事例は新型コロナウイルスのパンデミックです。2019年末の段階で、これほどの世界的なパンデミックを予想した人は誰もいませんでしたよね？　ところが、1月23日の武漢の都市封鎖からこの真の不確実性が一気に顕在化し、全世界のGDPを3割ぐらい（年率換算の場合、前四半期比で見ると1割ぐらい）消滅させる天文学的な被害をもたらしました。ハッキリ言ってこんなの保険でカバーできません。カバーしようとした保険会社は保険金を払いきれず倒産するでしょう。

真の不確実性にはこのほかにも、巨大隕石《いんせき》の落下、全面核戦争、巨大火山の噴火、巨大生物の来襲などいろいろあります。これらは滅多《めった》に起こることはないし、おそらく一生体験せずに終わる人がほとんどなのに、もし起こったら人類滅亡するぐらいの大惨事になる出来事です。まさに真の不確実性！　そして今私たちはその真っ只中にいるのです。

## 外食に参入した人の８割が３年以内に廃業する

さて、この理論をビジネスに当てはめてみましょう。確率分布が計算できるリスクに関する商売は、保険業に限りません。すでに需要が存在しているマーケットはすべてこちら側に分類されます。例えば、八百屋、床屋、魚屋、肉屋、運送業、家電、スポーツクラブに携帯電話事業まで。いわゆる業界が成立しているお仕事はすべて確率分布が予想できるリスクに関するお仕事です。この世に存在するビジネスの９割以上がこちら側と言っていいでしょう。そして、こちら側には既存のプレイヤーが多数存在しており、投資額に対するリターンという意味でも確率分布が計算できます。例えば、大手コンビニチェーンやファストフードチェーンは出店可能な物件を精緻《せいち》に分析していますよね？

確率分布が予想できる商売は一見安全そうに見えます。しかし、実際にはそうではありません。例えばラーメン屋を例にとって考えましょう。ラーメンにはすでに一定のニーズがあり、ラーメン屋として開業すればそのニーズの一部を取り込んで商売が可能です。しかし、すでにそのマーケットが成立しているということは、競合他社も含め誰でも知っている事実です。そのため、多くの人がラーメン産業に参入し、激しい競争が起こります。競争とは、より良いモノをより安くという戦いです。競争は激しくなればなるほど、価格の低下を招きます。価格の低下によって企業の利益は減少します。ラーメン業界に参入するハードルは低くても、競合との戦いにより利益を出すことが難しい。外食に参入した人の8割が3年以内に廃業すると言われているほど、その競争は厳しいのです。

## 「ブルーオーシャン」へのチャレンジ

これに対して、全体の1割以下しか存在しない真の不確実性を相手にした商売はどうでしょう？　こちらが相手にするのは、将来大きくなるはずだがまだ存在していないニーズです。残念なことに、現時点でマーケットは存在していません。だから、当初は顧客を見つけることが困難で、そのスタートはおそらく悲惨なものになるでしょう。人々がその新しいニーズに気付くのが遅れるかもしれないし、それは100年後かもしれないからです。

一般的に、確率分布が予想できる9割の世界を「レッドオーシャン」、そうでない1割以下の世界を「ブルーオーシャン」と言います。世の中にはブルーオーシャンを相手に商売すべしという本がたくさん出版されていますが、私はブルーオーシャンを相手にした商売は正直苦手です。なぜなら、いきなりこの世界に飛び込むと最初の顧客が見つかるまでに商売が干上がってしまうからです。

むしろレッドオーシャンはマーケットが存在し、参入している人が多いからこそ何かの偶然で素人同然のプレイヤーが生き残っていたりもします。私はむしろこういうショボい競合がいるマーケットこそ、たとえそれがレッドオーシャンであってもチャンスだと思います。何を隠そう、私はこういうボヤボヤした人を出し抜いて、激烈な競争を仕掛けるのが得意なのです。デフレ時代に起業した私は確実にマーケットが存在し、なおかつそこにショボい競合他社がいる時しか勝負しません。

私のやり方とは反対に、いきなりブルーオーシャン（真の不確実性）にチャレンジし、そこで何かを掘り当てた企業はたくさんあります。例えば、１９７９年に初代ウォークマン「ＴＰＳ－Ｌ２」を発売したソニーは、その後このマーケットがこんなに大きくなることをあらかじめ知っていたでしょうか？

## ソニーのウォークマンは創業者の我侭《わがまま》でできた？

1970年代末、ソニーの創業者の一人である井深大《いぶかまさる》氏が、「飛行機の中でもいい音で音楽を聴きたいのでなんか作ってくれ」とオーディオ事業部長であった大曽根《おおそね》幸三《こうぞう》氏に依頼しました。この創業者の我侭《わがまま》なお願いこそがウォークマンが開発されるキッカケでした。

「はい、やります」。そう大曽根が答えた時から、テープレコーダー事業部の大車輪の日々が始まった。盛田（当時会長）のお陰で、目標ははっきりしすぎるほどはっきりしている。最初のうちは、「やっぱり、録音機能も付けたほうがよいのでは」という迷いが事業部にあった。しかし、再生専用・小型ヘッドホンステレオ、発売は夏休み前、という盛田の考えは変わらない。ヘッドホン部隊ともども、覚悟を決めた。

「冷静に検討を重ねると、難しい問題はいくらでも出てくる。だから検討する前に、『えいやっ』と返事をしなくちゃ話は始まらないよ」と大曽根はいつも笑って言う。

大曽根の部下の高篠静雄《たかしのしずお》たち開発メンバーは、1週間に2～3日の徹夜は当たり前という日々を送っていたが、不思議なことに、彼らに追い詰められた悲愴《ひそう》感はなく、至る所でジョークが連発され、作業場に笑いが絶えなかった。

この、未だ世界中のどこにも見当たらない製品の第1号機を作り上げるにあたって、大曽根にはどうしてもこれだけは譲れないということがあった。

「初めて世に出してコンセプトを問う1号機に、故障があっては絶対に駄目だ。故障が多いと、そのコンセプト自体が否定される」。大曽根は、それまでの種々の経験を通して、そう確信していた。

それに今回は時間も限られていた。盛田も「金型は流用すればよい」と言った。そこで第1号機のメカには、すでに50万台の生産実績のあるカセットテープレコーダー「プレスマン」のメカをそのまま流用した。1号機が変わりばえしなくても、ある程度不格好でもよい、それは続くモデルで挽回できる。だが、故障しやすいというイメージを、1号機で植え付けたら終わりだ。1号機の役割は、何よりも、新しいコンセプトを世に問うことなのだから。

この1号機開発には、技術的な苦労はほとんどなかった。既存の技術を組み合わせて、信頼性を最重視してまとめ上げることにすべての力が注がれた。

【参考：SONY公式HP　第6章　理屈をこねる前にやってみよう〈ウォークマン〉
https://www.sony.com/ja/SonyInfo/CorporateInfo/History/SonyHistory/2-06.html】

開発のキッカケは飛行機の中で音楽を聴きたいから。かなりナメてます。そして、開発現場も遊びの延長だったようです。しかも、開発されたウォークマンは録音機能がないということで社内では否定的な見解が多かったそうです。本当に売るのかどうか？　当時社長だった盛田昭夫氏は「自分のクビをかけてもやる決意だ」とコミットして無理やり発売しました。ところがこれがバカ当たりして全世界で記録的なセールスを達成しました。

ウォークマンは、その後ヘッドホンステレオ市場という新たなマーケットを創り出し、「世界中で愛されるウォークマン」となった。その生産台数は、第1号機発売から10年（1989年6月）で累計5000万台を突破、13年間で累計1億台を達成した。「15周年記念モデル」が出るまでに、実に300機種以上のモデルを送り出し、ヘッドホンステレオ市場において、トップの座を譲ることはほとんどなかった。
そして、1995年度には、ついに生産累計1億5000万台に達した。

【参考：ＳＯＮＹ公式ＨＰ　第６章　理屈をこねる前にやってみよう〈ウォークマン〉
https://www.sony.com/ja/SonyInfo/CorporateInfo/History/SonyHistory/2-06.html】

## ビジネスには賞味期限がある

日本の昔の経営者にはこういうチャレンジャーがたくさんいました。

新しいマーケットを相手にした商売にはしばらく競合がいません。そのため、価格競争は起こりにくく、企業は大きな利益を上げることができます。しかし、マーケットが大きいことが競合にバレるとたちまち有象無象が参入してきて価格競争が始まります。つまり、いい時は永久には続かない。利益が上がっているうちに次の投資をする。これを怠るとたちまち儲けの源泉を失って経営が行き詰ることになります。

極めて残念なことに、ソニーグループはもうエレクトロニクス産業がメインでもなければ、モノづくりの会社でもありません。随分《ずいぶん》前から金融事業でしか儲からない会社になってしまいました。ウォークマンのような真の不確実性を連続で当て続けるのは、ソニーのような国際的な大企業ですら難しいという証拠です。

例えば、世界で初めて携帯電話を発売したのはアメリカのモトローラ社です。1983年のことでした。あれから約40年で携帯電話はスマホになり、今や生活必需品となりました。あの時点でこんな未来が来ることを誰が予想したでしょう。

しかし、このモトローラ社は2012年にグーグルに買収され、その2年後に再度売りに出されました。現在はチャイナのレノボの傘下になっています。携帯電話のパイオニアがこの体たらく！　一体何があったのでしょう。

ソニーもモトローラも自らが新しく切り開いたマーケットで当初は莫大な利益を上げていました。ところが、その流れはしばらくすると勢いを失ってしまいました。実は、ビジネスには賞味期限（＝ビジネスサイクル）があるのです。だから、儲かるからいいやと既存の商売の上で胡坐《あぐら》をかいているのは危険です。儲けの賞味期限が切れる前に、次の真の不確実性にチャレンジし、新しいビジネスを作らなければいずれ儲けの源泉は失われます。ソニーやモトローラはその努力を怠っていた。いや、少なくとも中小企業だった頃のチャレンジ精神を忘れていた可能性はあります。そして、非常に残念なことに、最近このビジネスサイクルがどんどん短くなってきているのです。

## どんどん短くなるビジネスサイクル

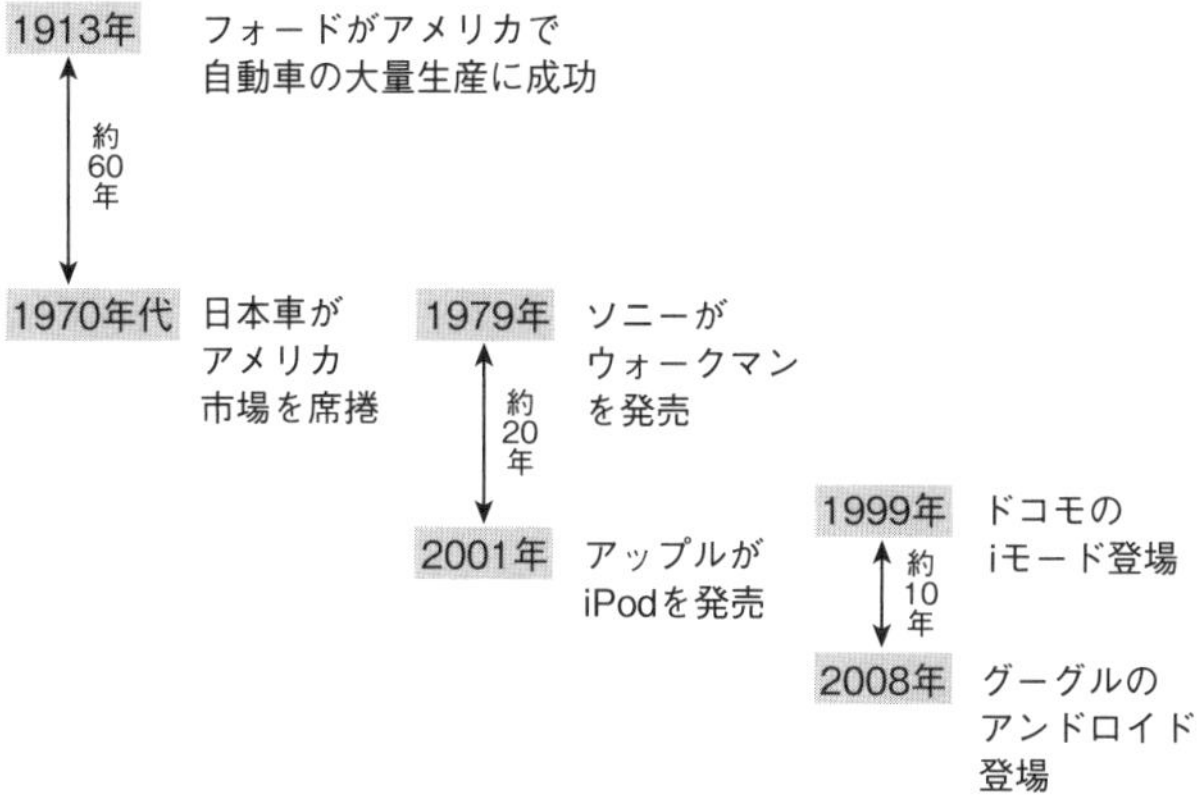


## 今儲かっているビジネスは永遠ではない

フォードがアメリカで自動車の大量生産に成功したのは1913年です。それから約60年後に日本車がアメリカ市場を席捲《せっけん》するまで、アメリカの自動車産業は盤石でした。ソニーがウォークマンを開発したのが1979年、ウォークマンの市場が崩壊するキッカケとなったiPodの発売は2001年からです。

ざっくり20年ぐらいは持ちました。携帯電話がスマホになる前、一世を風靡《ふうび》したiモードが世に出たのは1999年。それが駆逐されるキッカケとなったグーグルのアンドロイドが世に出たのは2008年です。たった9年しかありません。

インターネットによって情報が世界中に瞬時に伝わるようになった現在、真の不確実性にチャレンジして成功しても、そのビジネスはせいぜい10年ぐらいしか続かないようになってしまいました。いや、これからはもっと短くなっていくかもしれません。いずれにしても、いい時は長くは続かないし、今儲かっているビジネスは永遠ではない。だから、調子のいいうちに先のこと、先の先のことを考えて手を打たなければならない。具体的に言えば、儲かったお金を次の不確実性に再投資するか、いっそのこと貯め込んで引退してしまうかを早めに決めなければならないのです。

## 長期固定の支払いは絶対に避ける

しつこいようですが、住宅ローンはそんな短縮化するビジネスサイクルとは関係なく返済を続けなければなりません。こちらの事情は一切無視。世界が滅びても支払い義務は残ります。だから、よほど余裕がないうちは組むべきではありません。まして、これから真の不確実性にチャレンジし、じゃんけん300回どころか3万回ぐらいやらねばならない駆け出しのあなたは、長期に固定される支払いを絶対に避けるべきです。今は支払いに困らなくても、将来流れが変わって支払いに困る可能性があるからです。いや、可能性ではなく、変化の多い現代において、そういう苦境が高い確率で出現すると思っていたほうがいいです。

ちなみに、この忠告はビジネスで独立して金持ちになろうとする人以外にも、当てはまります。例えば、サラリーマンを続けようと思っている人が、収入の範囲内で無理のないローンを組んでマイホームを買ったとしましょう。買った時には無理のなかった返済も、状況の変化によっては苦しくなってきます。

会社の業績不振で給料やボーナスが減ったり、リストラされて失業したり、心を病んで働けなくなったり、といったリスクは山のように転がっています。儲かるビジネスが長続きしないように、マイホーム購入時の経済状況が永遠に続くことはあり得ません。

例えば、２０１９年時点で、一体誰がコロナショックを予想したでしょうか？　報道によれば、２０２０年に入って早期退職者や希望退職を募集した大企業は52社に上り、そのうち約７割が赤字だったそうです。ファミリーマートでは８００人の募集に対して、それを上回る１０２５人が応募したとのこと。このほかにもレオパレスで１０００人、シチズン時計が750人、ノーリツが600人など、全体で9000人強の人が対象となったそうです。大きな経済危機が襲えば企業の業績は悪化し、終身雇用の約束も果たせなくなります。経済の前提条件が変わった場合でも、あなたの資産と負債のバランスは維持できるでしょうか？　おそらくそれは無理でしょう。

## 副業で稼げるのはごく一部の選ばれし人!?

では、本業の危機を見越して副業をやってリスク分散するというのはどうでしょう？　YouTuber、アフィリエイト、転売屋……インターネットが普及した現在、手軽に始められる副業はたくさんあります。2019年にパーソナル総研が調査したところによると、正社員で副業をしている人の割合は10・9%、今はしていないが過去に副業経験がある人は9・9%だったそうです。（※1）

副業している人と同じぐらいの数の人が廃業している。つまり、副業はそれほど儲からない、割に合わないということではないでしょうか？　お金の情報サイト「まねーぶ」が全国の副業経験者1000人を対象に行った意識調査（2019年11月）に副業の収入に

## 副業の月収入

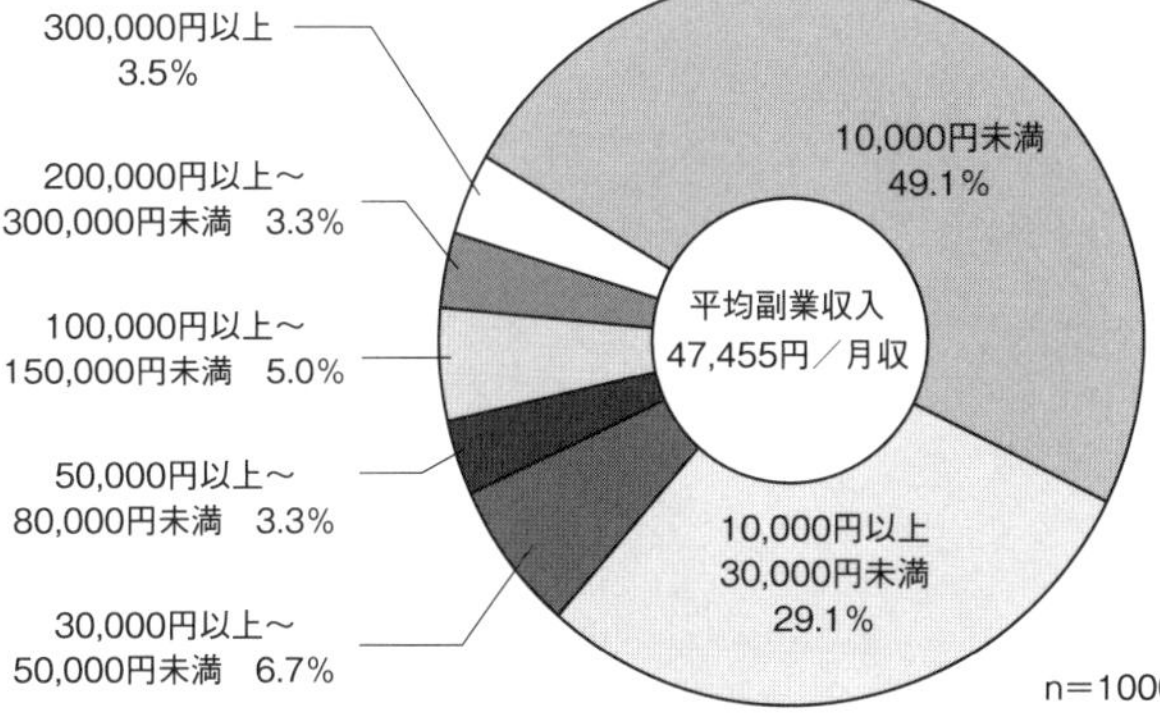


n＝1000
出所：まねーぶ

関するデータがありました。上記のグラフをご覧ください。
【出典：まねーぶ　https://www.money-book.jp/money-research5】

なんと、副業で月1万円未満しか稼げない人が全体の約半分です。月10万円以上稼いでいる人はたったの12%。ほとんどの人にとって、副業は割に合わない趣味みたいなものになっています。いや、すでにこういう結果が出ているということは、副業をしても高い確率で大した儲けにならないと考えたほうがいいのではないでしょうか？　しかも下手すると大損するリスクもあるようです。

数年前から定期的にマネー相談に来られている青木恭平さん（仮名・32歳）の本業は電気通信業の会社員です。夜や休日の空き時間を利用して、自転車での食事の宅配を始めました。（中略）

請負での仕事、委任を受けての仕事、また自営業者（特別加入者は除く）は「適用労働者」（※2）にはなりません（労働実態によって「適用労働者」となる場合もあります）。

調べてみると、青木さんのフードデリバリーサービスの仕事は、「請負」で、もし、業務上に事故にあっても労災の保険給付は一切受けられないということがわかりました。

しかし、青木さんは、本業は会社員で健康保険の被保険者ですから、労災給付の対象とならない場合は、原則として健康保険給付の対象となります。例えば、療養のために労務に就くことができないときは、その労務に服することができなくなった日から起算して継続3日を経過した4日目から傷病手当金を受給できます。

しかし、青木さんは副業のことを会社に伝えていません。副業による怪我で仕事を休むことになれば、本業への支障をきたしているということになるでしょう。会社や同僚からの信頼まで失いかねません。

【参考：「副業」をしたら損をした…？　副業の「落とし穴」にハマる人が急増中『マネ

ー現代』（２０１９年４月14日）https://gendai.ismedia.jp/articles/-/63927】

やはり副業よりも本業をしっかり頑張ったほうが良さそうです。頑張っても儲けられない本業なら、副業をやるよりも早めに辞めて転職を考えるべきです。副業があるから本業が左前でも大丈夫なんて人は、選ばれしごく一部の人だけだと思ってください。

## 掛け金の高い保険に加入したがる人は極めて愚か

では、将来の変化に備えて保険を掛けておくのはどうでしょう？　これは考え方としては正しいです。しかし、保険でカバーできるのはあくまでもリスクであって、真の不確実性ではありません。

例えば、リーマンショックという真の不確実性が顕在化した時、当の保険会社自体が潰れそうになったことがあります。２００８年９月、米国保険最大手のＡＩＧ（アメリカン・インターナショナル・グループ）は経営破綻寸前で国有化されました。

簡単に言うと、ＡＩＧはそれまでサブプライムローンが含まれる危ない仕組債が債務不履行になった場合に、その損失をカバーする保険（ＣＤＳ）を子会社に売らせてぼろ儲けしていました。その後、本当にサブプライムローンが破綻してしまったので、その保険を買った金融機関などから巨額の保険料を請求されてしまったのです。まさに真の不確実性が顕在化した瞬間でした。ＡＩＧはまさかサブプライムローンが一気にダメになることはないだろうと思っていたようですが、現実は厳しかった。アメリカ政府と中央銀行（ＦＲＢ）の支援がなければ経営破綻して、顧客の保険もすべて無価値になるところでした。

とはいえ、ＡＩＧは国有化されて潰れなかったのも事実です。顧客の保険債券は消滅することはなく、何とか守られました。そういう意味ではあのリーマンショックですら公的資金を使えば耐えきれるということです。ならば、政府の救済を見越して、やはり保険は安全ということになるのでしょうか？　余剰資金でなるべくたくさんの保険を掛けておけばいいのでしょうか？　私は、特定のリスクに備える掛け捨ての保険なら掛けてもいいと思っています。特にあなたに家族がいて、自分が死んだら幼い子供が路頭に迷う可能性が高い場合、生命保険に入ることをお勧めします。しかし、入っていいのは掛け捨てのコストの安い生命保険、それも死んだ時とか高度の障害を負った時にだけ保険金がもらえるタイプの保険です。保険料を何十年も納める代わりに、満期になるとその全額＋利息が返ってくるような保険は絶対にお勧めしません。なぜなら、保険会社は保険と投資信託を組み合わせることでコストを見えにくくし、手数料をボッタクっているからです。

また、掛け捨てでない生命保険は住宅ローンと同じで長期の支払いが固定されてしまいます。支払った保険料よりも大きい返戻金を求めて、掛け金の高い保険に加入したがる人はこの点で極めて愚かだと私は思います。死亡リスク等に対応した掛け捨ての保険なら、非常に安いコストで掛けることができます。その保険を子供が小さいうちは掛け続けて、大きくなったらやめてしまえばいいのです。まだ駆け出しのあなたは、30年後よりも来年のことを心配しましょう。あと、医療保険は全部解約したほうがいいですよ。公的な健康保険に入っていれば高額医療費の支給制度の対象となります。収入にもよりますが、４万円から14万円程度の自己負担額以上の医療費については健康保険のほうで負担してくれます。これがあれば民間の医療保険は基本的に必要ありません。

## 掛け捨ての保険よりギャンブルがマシ？

ちなみに、この話を聞いて「掛け捨ての保険よりギャンブルがマシだ」と思った人は気を付けてください。数字嫌いの人は本当に恐ろしい。悪魔が手ぐすねを引いて待っています。次頁の図をご覧ください。

【出典：社会実情データ図録　http://honkawa2.sakura.ne.jp/5680.html】

例えば、公営競技の場合、還元率は75％です。もしあなたがものすごいお金持ちで、その日に開催されるすべてのレースの馬券を買い占めたとしましょう。あなたはそのために100億円のお金を使いました。その日は、すべての馬券を買い占めたので、すべての当たり馬券もあなたのものです。しかし、当たり馬券を換金して得られるお金は75億円しかありません。これが還元率のカラクリです。得られた75億円で再び全レースの馬券を買ったとしても、得られるのは56億2500万円です。これを毎週、1年間（52週間）繰り返すと100億円の所持金は3186円になります。実際にはすべての馬券を買い占められなくなるので、もっと早くお金は減っていくでしょう。よほどの目利きでもない限りギャンブルはやめたほうがいいと思います。

## 賭事・ギャンブルゲームの控除率（テラ銭の割合）

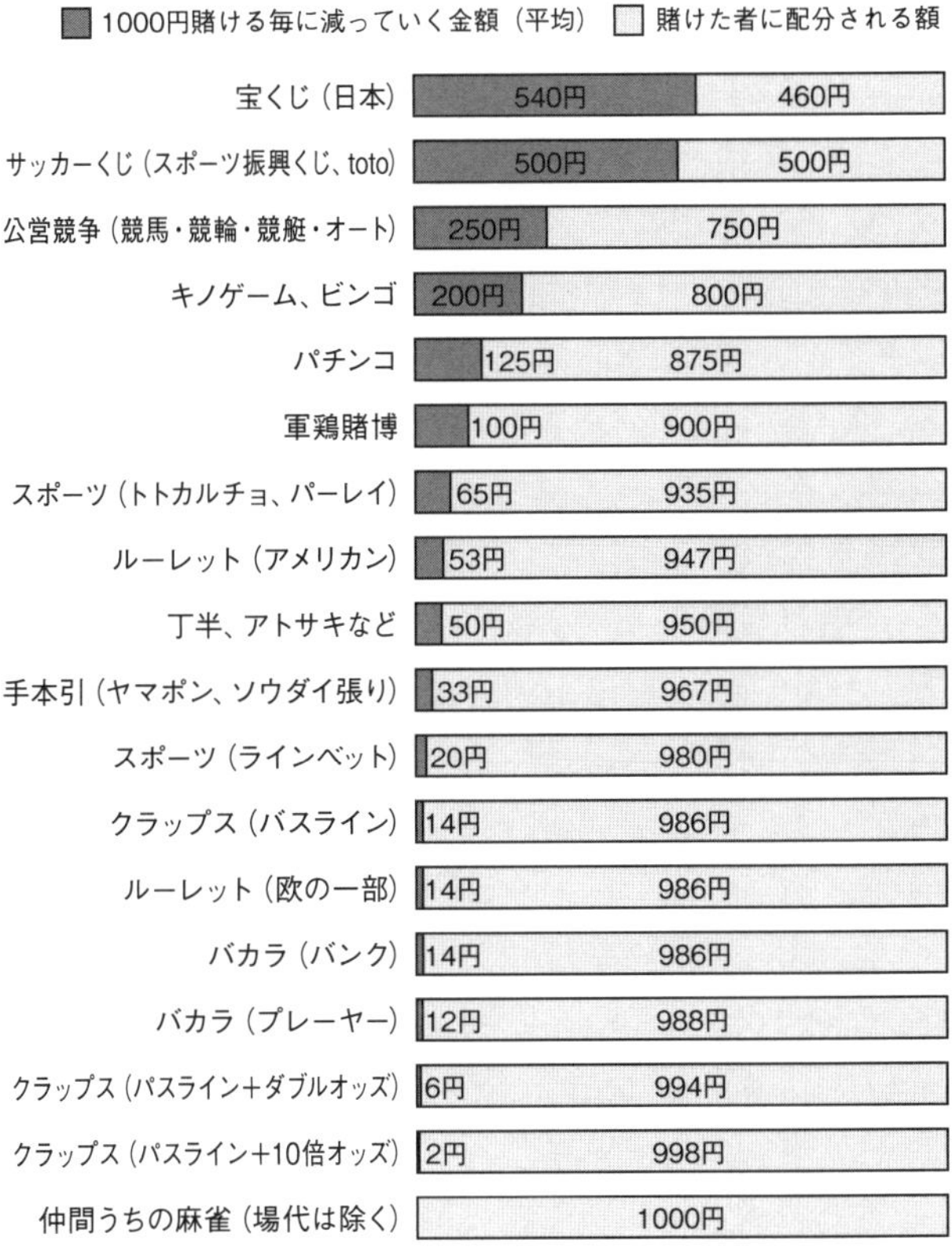


（注）公営競技のうち中央競馬は18%～26.2%（JRAのHP）。その他の公営競技は2012年改正により施行者の判断でレースの控除率の上限を25%から30%に引き上げ可能となった。

出所：谷岡一郎『ギャンブルフィーヴァー』中公新書（1996）（但し「サッカーくじ」や〔注〕の記述は最近の資料）

## 将来悪いことがあると分かったら即座に行動を変える

さて、本章のまとめです。経済には流れがあり、その流れには大企業や政府ですら逆らうことはできません。そして、その流れはコロコロ変わります。最近では変化のスピードが以前より速くなってきました。だから、今あなたがお金を儲けているビジネスモデルも意外に賞味期限切れは早いかもしれません。あなたが所属している会社の経営者がボヤボヤしていて流れに乗り損なえば、会社は潰れます。私が勤めていた銀行は潰れました。そうなる前に、あなた自身が流れを摑んで会社を飛び出し、転職するなり独立するなりしないといけません。そして、残念ながら副業も保険もあまりアテにならないというのが現実です。何とも大変な時代に生まれてしまった。でも、そんなこと後悔しても遅いんです。もうやるしかない。そう腹をくくって現実を直視することからまず始めましょう。

将来を見据えて今から行動を変える能力は、ビジネスの成功には必須です。あなたがその能力をどれぐらい持っているか知るために、小学生の時に見た「コーラを飲んだら歯が溶ける」というホラー動画を思い出してください。私は確か小学校4年生（10歳）の頃にそれを見た記憶があります。私はあの動画を見て、行動が変わりました。それ以降、約40年にわたってコーラを飲んだのはほんの数回です。直近でコーラを飲んだのがいつかも忘れるぐらい昔のことです。小学生ながらに私は、「今数杯コーラを飲んだところで歯はなくならないが、このまま飲み続けたらいずれなくなってしまう」と思いました。そして、今の習慣を続けると将来悪いことがあると分かった瞬間、即座にそれをやめたのです。

しかし、この話にはオチがあります。日本中の教師やＰＴＡが吹聴した、「コーラを飲んだら歯が溶ける」という話はデマでした。日本コカ・コーラのホームページには次のように書いてあります。

コカ・コーラに限らず一般的に清涼飲料には酸味料が含まれています。そして、歯や骨の成分であるカルシウムやマグネシウムは、酸に溶ける性質を持っています。よって、清涼飲料、果汁などの酸を含む液体に、抜けた歯や魚の骨を長い間つけておくと、含まれるカルシウムやマグネシウムが溶けます。しかし、飲みものですので人間の骨に直接ふれたり、歯に長い間くっついていることはありません。安心してお飲みください。

【参考：日本コカ・コーラ株式会社公式ＨＰ　https://j.cocacola.co.jp/info/faq/detail.

htm?faq=18005】

私が10歳の時はまだインターネットも存在せず、学校で見聞きしたことが正しいか間違っているか検証する手段もありませんでした。だから、とりあえず聞いたことは正しいと思うしかなかった。だから、このままコーラを飲み続けたら歯が溶けてしまうと真に受けてしまいました。そして、未だにコーラが飲めません。もう習慣化してしまったんです。ハッキリ言ってやりすぎでした。しかし、この時身に付いた習慣（将来悪いことがあると分かったら即座に行動を変える）は幾度となく私を助けたこともまた事実です。そういう意味で、「嘘も方便」、日教組とＰＴＡには感謝しかありません（笑）。

※1　【参考：パーソル総合研究所、副業実態・意識調査結果【個人編】を公表　加速する副業。正社員の10・9％が副業実施中、1年以内の開始41・3％　https://prtimes.jp/main/html/rd/p/000000228.000016451.html】

※2　「労災」を受けられる人

# 第3章

# 「3」、それは不思議な数字

## 全滅する前に撤退することが肝

チャレンジには危険が伴います。じゃんけんで100回勝つためには最低300回のチャレンジが必要ですが、裏を返せばそれは200回の敗北を意味します。だから、敗北するたびにいちいち破産していたら身体がいくつあっても足りません。ビジネスで成功するためには、負けてもすぐに立ち直ること、全滅する前に撤退することが肝です。

しかし、一旦じゃんけんを始めてしまうと人間は頭に血が上って冷静な判断ができません。だから、戦いの始まる前に、あらかじめ撤退を仕掛ける条件を決めておかなければなりません。気合いと根性ではどうにもならないです。

ちなみに、私は安易に気合いと根性に頼ることこそが甘えだと思います。自滅的で無謀な突撃をしたがる人は、諦めをつけるためにわざと大失敗したいのでしょう。そして、それを再びチャレンジしない言い訳に使います。そんなことをしていたらじゃんけんの回数不足で絶対に成功できません。

確かに、何度失敗しても立ち上がってチャレンジするのは精神的にはかなりキツいです。

だから、だんだんそれに耐えきれなくなって、投げ出したくなる気持ちも分からないでもありません。しかし、厳しいようですがそれは私から言わせてもらえば甘えです。じゃんけんですら確実に1勝するには最低３回は勝負しなければならないのに、況《いわん》やビジネスにおいてをや。むしろ、最初から負けることを前提に、再び立ち上がって戦うことをメインシナリオにすべきです。

「これだ！」と思うビジネスに投資をして、失敗した場合でも、再起に向けた余力を残すようにしておきましょう。そのためには、戦う前にダメージコントロールの仕掛けを作っておく必要があります。これは長期戦を勝ち抜くうえでは絶対に必要なことだと私は考えます。

## 手持ちの資産はとにかく3分割する

撤退の条件とタイミングについて、日本を代表する投資家であるソフトバンクの孫正義《そんまさよし》氏が大変興味深いコメントをされています。日経ビジネスのインタビュー記事からその箇所を抜粋します。

「この7という数字がキーナンバー」だと孫氏は言う。「これが9割だったらいいかというとそうではない。9割の確率になるまで準備すれば手遅れになることも多い。敵も準備ができてしまう。だから遅過ぎにならないように、若干、早め早めに攻めていく」。

だからといって、早ければいいというものでもない。「5割や6割の勝算のところで手を突っ込んでいくと、一か八かになり過ぎる。だから7割の勝率のところで進んでいく」。

この7は、その裏に3の意味も含んでいる。退却する勇気のことである。「考えに考え抜いた上での執念の入った7割」と孫氏は言う。3割以上のリスクを冒してはいけない。失敗した場合でも、一目散に逃げれば全滅しない。「トカゲのしっぽも3割くらいなら切ってもまた生えてくる。半分切ったらはらわたまできて死ぬ、ということです」。

【参考：孫正義「意地でやるヤツはバカだと思え」『日経ビジネス』２０１２年12月９日 https://business.nikkei.com/atcl/seminar/19nv/120500136/120500005/】

何かにチャレンジする時、成功の見通しが9割立つまで待っていたら出遅れる。逆に、5割、6割なのに突っ込んだら早すぎる。7割でGOだそうです。非常に面白いですが、大事なのはその後のこの部分です。

「3割以上のリスクを冒してはいけない」

「トカゲのしっぽも3割くらいなら切ってもまた生えてくる。半分切ったらはらわたまできて死ぬ」

孫氏はこの点について、別の媒体のインタビューでは次のように述べています。

「失敗した場合でも、その部門だけを切り捨てれば会社本体は倒れない。その切り捨てる部門が、全体の収益や企業価値の3割を超えてはいけない。（※1）」

非常に深いです。損失が全体の3割に及んだら撤退する。7割残っていればトカゲのしっぽのようにまた生えてくる。確かに、そうです。傷がはらわたまで達したら死にます。全滅です。ビジネスにおいては、とにかく全滅せずに生き残るということが大事なんです。

ただ、皮肉なことに孫氏が率いるビジョン・ファンドはウィーワークなどの投資においては3割どころかほぼ100%の損失を食らってしまいました。あれは何だったのでしょう？　投資先単体ではなくソフトバンクグループ全体で見て3割以内に収まっているからOK？　まさか、ご自分で決めたルールを守るのを忘れていたわけではないと思いますが……。

孫さんの数万分の1程度のショボいビジネスをやっている私も似たようなことをずっと考え実践してきました。私の場合は分数を使います。手持ちの資産をとにかく3分割します。そして、3分割した資産の1つが大きく育ったら、それをまた3分割します。とにかく、3つにする。こうすることで、仮に1つのビジネスがやられても残り2つが生き残って全滅を免れる。私はこの手法で何とか食いつないできました。3という数字に特に意味はありません。1つのビジネスだけでは不安なので、もう1つやってみたら、まだ不安なのでさらに1つ追加したというだけのことです。孫さんも似たようなことを言っているので割とみんな実践しているんだろうなと思います。

## リーマンショックやブレグジット時には惨敗

ちなみに、ここでいう資産とは何を意味するかについて、もう説明は不要ですよね？

ただの貯金じゃないですよ。本書で一貫して述べている通り、資産とはキャッシュを生むものです。

例えば、駆け出しのあなたにとって最大の資産はあなた自身の「稼ぐ力」です。若い頃はこれ以外にさしたる資産はありません。かく言う私もそうでした。

確か独立する直前の２０００年頃、ロバート・キヨサキ氏の『金持ち父さん貧乏父さん』を読んで、今すぐ何かしなければならないと思いました。自分の資産が自分の稼ぐ力に偏りすぎていることに気付いたからです。しかも、その時私はマイホームという負債を資産だと勘違いして買っていました。このままでは「ラットレース」から抜け出せない！　むしろそちらの恐怖感が私を動かしたのです。

私は、何を血迷ったか競売不動産を買おうと裁判所に行きました。『金持ち父さん貧乏父さん』に不動産は裁判所で買えと書いてあったからです。当時は雇われの身でしたので、不動産投資なら副業としていいかもと軽く考えていた部分もありました。そして、裁判所でここはと思う物件を見つけて実際に見に行きました。しかし、占有者がいるかもしれないし、もしいた場合に立ち退かせる手段がないし、さらにこの物件を転売して儲ける才覚もない。当たり前のことですが、それに気付いて我に返りました。諦めて正解でした。

当時の私としてはナイス・トライでしたが、出合い頭で敗北して撤退です。ただ、運よく裁判所と物件を見るための交通費と時間ぐらいしか損失は出ませんでした。

株式投資を始めたのもちょうどこの頃からです。両親ともに公務員だった私は、身の回りに株を買っている人が皆無であり、元本保証でない金融商品に対する異常な恐怖心がありました。しかし、『金持ち父さん貧乏父さん』を読んで、何かしなければならないと思った私は、一念発起して大和証券で口座を開き100万円ほどの資金から投資を始めました。もちろん、結果は惨敗です。個別の銘柄をニュースや思惑だけで「ここだー!」と一点買いしたところで当たるわけがありません。資金を半減させて数年で終了しました。本格的に株で勝てるようになるのは、もう少しマクロ経済の勉強が進んだ後、ちょうど小泉政権の中頃からです。

株の後に始めたのは外貨証拠金取引(FX)です。一定の証拠金を差し入れることでお金を借りて外貨に投資するという超リスキーな取引でしたが、やってみないことには理解ができないだろうと思ってチャレンジしました。今は規制によりレバレッジは25倍ですが、2000年代は規制が甘く、100倍を超えるレバレッジ取引も可能でした。高レバレッジ取引の良さは、得する時は差し入れた証拠金の何十倍、何百倍と儲かるという点です。

もちろん、損する時は証拠金が一瞬で蒸発します。為替の短期的な値動きはランダムウォークなので、これはほとんど博打に近いモノだと、身をもって理解し、その後は節度を持って取引するようになりました。それでも、為替というのは予想外の値動きをするもので、リーマンショックやブレグジットの時には大いにやられました。

## 投資活動を続けた理由

私が多額のレッスン料を払って投資活動を続けた理由は、これを1本の柱にしたかったからです。仕事だけが唯一の収入源という状態を脱して、早く別の柱を打ち立てたかった。そのために、じゃんけん300回のつもりで何度もトライしたわけです。2001年にサラリーマンを辞めたのに、私はこのチャレンジはやめませんでした。前述の通り、一番信用できるのは自分のお金、その次が自分の実力、最後が利害関係を共有する仲間です。独立して始めた仕事は自分の実力なので、私の中の信用ランキングは2位でした。やはり、1位のお金をしっかり働かせる方法はどうしても身に付けたかったのです。

バブル崩壊以降、日銀のゼロ金利政策が続き、貯蓄したところで金利はほとんどゼロです。だから、貯蓄はキャッシュを生みません。逆に預金口座を維持するコストは今のところ無料なので、貯蓄という行為がキャッシュを食うこともありません。つまり、貯蓄は資産でもなければ負債でもない微妙な存在なのです。敢えて言えば、数か月分のランニングコストに必要な資金をプールしておく金庫。それ以上でも以下のモノでもありません。

これに対して投資というのは基本的に元本の保証はありません。株式投資の場合、投資先の会社が倒産したら1円も返ってきません。その代わり会社が潰れなければ、預金金利よりもずっと高い配当金が得られるかもしれません。私たちが証券会社を通じて買う株は公開された株式であり、ある一定の条件をクリアしたことが取引所の審査によって証明されています。そのため、ある日突然倒産してしまったりすることは滅多にありません。しかし、その可能性はゼロではない。銀行の普通預金なら1000万円までの元本と金利は政府が100%保証してくれますが、株式の場合は仮に東証1部上場会社であっても倒産しない保証はありません。

## 投資と貯蓄の最大の違いとは？

投資と貯蓄の最大の違いはこのリスクの存在です。投資にはリスクが付きまとうからこそ、貯蓄とは比べ物にならないリターンが得られるということです。では、そのリターンとはどれぐらいのスケールなのでしょうか？

例えば、カメラやプリンターでお馴染《なじ》みの東証１部上場企業、キヤノンについて調べてみましょう。キヤノンの配当利回りは８・47％（２０２０年８月25日現在）です。１００万円分の株式を持っていれば、８万４７００円もらえる計算です。１０００万円分なら84万７０００円、１億円分なら８７４万円！　もうこれだけで暮らせそうです。預金金利とは比べ物になりませんね（ちなみに、株式の配当金には20・３１５％の税金がかかりますので、実際の手取りはこの金額より少なくなります）。

ただ、この高利回りにはカラクリがあります。２０２０年3月に起こったコロナショックのせいで日本株は総じて値崩れしました。そのため、コロナ前の配当金を暴落後の株価で割った配当利回りは計算上高めに出てしまうのです。なので、実はこの値は出来すぎです。参考までに、コロナ前のキヤノンの配当利回り推移を転載します。
【出典：ＩＲバンク　https://irbank.net/E02274/dividend】

それでも最低で2％台後半、一番高かった時で5・36％となっています。やはり銀行預金とは比べ物にならない高さです。ちなみに、これはキヤノンだけが高いというわけではなく、株式という金融商品全体の傾向です。例えば、日経平均を構成する225銘柄を束ねた株価指数連動ＥＴＦという商品があります。その一般的な銘柄「ｉシェアーズ・コア日経225ＥＴＦ」の場合、配当金の利回りは1・99％（2020年8月9日現在）です。やはり、銀行預金とは比べ物にならないリターンが得られます。

キヤノンと比べると株式指数連動ＥＴＦの配当利回りは低いのですが、1社に全額投資するよりは指数構成銘柄に広く薄く投資したほうがリスク分散になります。例えば、日経平均なら225社、ＴＯＰＩＸなら約2000社の株式を束ねているため、よほどのことがない限り全社が同時に倒産することはあり得ません。また倒産しないまでも業績悪化は株価の暴落をもたらします。1社に集中投資すると1社の業績にすべてが左右されますが、指数なら全社が同時に業績悪化しない限り暴落は避けられます。とはいえ、今回のコロナ

## コロナ前のキヤノンの配当利回り推移

| | |
|---|---|
| 2009年12月（個） | 2.81％ |
| 2010年12月（個）＋0.04％ | 2.85％ |
| 2011年12月（個）＋0.67％ | 3.52％ |
| 2012年12月（個）＋0.37％ | 3.89％ |
| 2013年12月（個）＋0.01％ | 3.9％ |
| 2014年12月（個）＋0.01％ | 3.91％ |
| 2015年12月（個）＋0.17％ | 4.08％ |
| 2016年12月（個）＋0.47％ | 4.55％ |
| 2017年12月（個）−0.74％ | 3.81％ |
| 2018年12月（個）＋1.52％ | 5.33％ |
| 2019年12月（個）＋0.03％ | 5.36％ |

出所：IRバンク

ショックではまさにその全社同時業績悪化が起こってしまいましたが……。やはり投資に絶対はありません。ただ、2020年3月頃には大暴落した日経平均も、その後は急速に値を戻し、同年8月24日には暴落前の水準を取り戻しています。

## 投資という柱もさらに3つに

とはいえ、日本経済全体の調子が良くなれば株価は上がり、その反対なら下がる。これは間違いのない事実です。ならば、景気が良くなりそうなら指数連動ETFや指数に連動した投資信託（インデックスファンド）を買えば、配当利回りに加えて元本の増額、キャピタルゲインも取れるのではないか。私はそのことに気付いて2000年代中盤から指数連動の金融商品を買い始めました。このやり方は一定のリターンを生みました。しかし、そこにリーマンショックが!!　一番儲かっていたところから3割下落した時点で全部売ってしまえばよかったのに、決断が遅れてドツボにハマりました。しかし、私はそれでも諦めず次のチャンスを待ちました。そのチャンスが巡ってきたのはリーマンショックから4年後の2012年11月でした。そこで何が起こったのかはすでに書いた通りです。

資産を稼ぐ力が1つしかなければ、働けなくなった時点でゲームオーバーです。しかし、これは何としても避けたかった。だから、3本柱のうち1本は私の稼働とは全く連動しないものである必要がありました。何度も痛い目に遭いながら、私は金融商品への投資を3本柱のローテーションの一角に入れることができました。これは私の人生設計のうえで非常に大きかったです。

ちなみに、投資という柱の内部もできればさらに3つに細分化したほうがいいと思います。2018年に株をすべて売却してから、私は株式のみならず不動産（REIT）や商品（コモデティ）、債券なども含めて投資カテゴリーの資産を3種類以上の異なる金融商品に分散投資しています。私の場合、債券、ヘッジファンド、ETFというかなりマニアックな分け方をしました。おかげで3月のコロナショックの大暴落もダメージは最小限で済みました。

## ドルコスト平均法によるインデックスファンド投資

私のビジネスパートナーの経済評論家、勝間和代氏は「収入の20％を投資に回す」ことを提唱しています。投資の方法は株価指数に連動した投資信託（インデックスファンド）へのドルコスト平均法を使った投資です。

ドルコスト平均法とは、価格が変動する金融商品を「ここだー！」と一気に購入するのではなく、毎月同じ日とか、毎週同じ曜日とかに、一定額ずつ分けて購入する投資法です。こうすることで、たまたま価格が高い時に一気に購入したり、安値で買い損なったりすることを防げます。また、時間的に分散することで、トータルの買い付け金額を安く抑えることができます。

ちなみに、ドルコスト平均法の対象となる指数連動の投資信託は株式には限りません。東証ＲＥＩＴ指数でも、ブルームバーグコモデティ（商品）指数でも大丈夫です。むしろ、株式だけではなく不動産や商品に分散したほうが望ましいぐらいです。

さて、投資についてある程度理解が進んだところで、もう一度孫正義氏の言葉を思い出してみましょう。

「トカゲのしっぽも3割くらいなら切ってもまた生えてくる。半分切ったらはらわたまできて死ぬ」

# ドルコスト平均法を使った投資のモデル

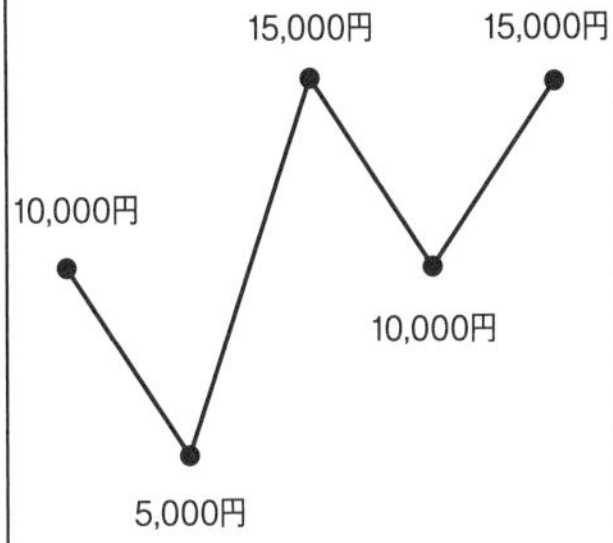


| | 1カ月目 | 2カ月目 | 3カ月目 | 4カ月目 | 5カ月目 | 合計 | 平均購入単価 |
|---|---|---|---|---|---|---|---|
| 基準価額 | | | | | | | |
| ドル・コスト平均法で毎月3万円購入 | 3口<br>30,000円 | 6口<br>30,000円 | 2口<br>30,000円 | 3口<br>30,000円 | 2口<br>30,000円 | 16口<br>150,000円 | 9,375円 |
| 毎月3口を定量購入 | 3口<br>30,000円 | 3口<br>15,000円 | 3口<br>45,000円 | 3口<br>30,000円 | 3口<br>45,000円 | 15口<br>165,000円 | 11,000円 |

出所：保険相談ニアエル公式 HP より

投資のリターンはまさにこの「切ってもまた生えてくる」のイメージにピッタリではないでしょうか？　自分が働いている間に自分のお金も働いてリターンを得ている。何と頼もしいことでしょう！　独立したばかりの駆け出しのあなたにとって一番信頼できる仲間はやはりあなたのお金です。そのお金を「生えてくる」状態にするのが投資の力です。そして、この投資の力を使いこなすための勉強は会社に勤めながらも同時並行的に続けることが可能です。独立してビジネスを立ち上げる前に、まずは頼りになる相棒を育てましょう。やはり王道は勝間氏の提唱するドルコスト平均法によるインデックスファンド投資です。これを最低10年続ける気で、長期計画で資産を育て上げましょう。これで仕事以外にもう1本の柱を立てられる可能性は極めて高くなります。

## 3本目の柱をどうするか？

さて、とりあえずここまでのノウハウを実践すれば、稼ぐ力と投資の力で計2本の柱は立てることができそうです。もちろん、駆け出しのあなたは稼ぐ力の柱は太くても、投資の力の柱は細く、２本の柱のバランスは当初かなり悪いかもしれません。しかし、当初からバランスにこだわる必要はありません。あなたが稼ぐ力の20％を投資の力に回し続ければ、いずれこの２つの力は均衡するようになります。最初はバランスを気にしないでください。

さて、問題は３本目の柱です。前章で検討した副業が３本目になる人はぜひそうしてください。しかし、統計が物語るのは副業を柱にできる人の割合の低さです。副業を柱と呼べるレベルの人は、概《おおむ》ね全体の１割程度しか存在しないという悲しい現実があります。９割の人が挫折している「無理ゲー」に無理してチャレンジする必要はありません。

私の場合は、副業を考える以前に独立してしまいました。そのため、副業というよりは商売のドメインを最低２つ以上持つことを目指しました。これは広い意味で自分の稼ぐ力を異なる分野で生かすことなので、根っこではつながっている同じ柱になってしまうかもしれません。それでも、いざという時にもう片方の分野に避難できるというのは大きなメリットです。私の場合、幸いにしてその「いざという時」は来なかったのですが、精神的な余裕を得る保険にはなりました。

私の場合、起業して２年足らずでケーブルテレビ向けの営業コンサルとＩＳＯ取得審査のコンサルという2つの事業ドメインを確立することができました。もちろん、売上のバランスはケーブルテレビのほうが圧倒的に多く、バランスは悪かったのですが、最悪の場合の保険としては十分でした。

## サイバー系、文化人系、リアル系

ちなみに、現在の私の事業ドメインは大きく分けてサイバー系、文化人系、リアル系の3つに分けられます。

今回のコロナショックでリアル系のスポーツジムはかなりやられました。4月、5月は本当に潰れるんじゃないかと焦りましたが、6月以降V字回復して本当に助かりました。2014年にスポーツジムに投資を決めたのは、自分の仕事がネットに偏りすぎていることへのリスクヘッジでした。しかし、実際に不測の事態が起きてみると、保険のつもりで始めたリアルビジネスのほうがダメージを受けてしまいました。なかなか未来を予想するのは難しいものです。

次に、文化人系とは私のタレントや著者としての活動のことです。コロナショックで講演活動はほぼゼロになってしまいました。タレント活動をメインにしている人ならこれは大打撃になったことでしょう。しかし、私は前から文化人系の活動は3本柱のうち「最弱」に位置付けていました。なので、どんなに売上が大きくても全体の2割を超えたことはありません。元々アテにしていなかったので、売上が減ってもそれほどダメージは受けませんでした。むしろ、講演の代わりにYouTubeが大ブレイクして広告料をいただけるようになったことのほうが大きかったぐらいです。

サイバー系のオンラインサロンASP事業は私が自分で主宰している八重洲・イブニング・ラボのほかに、いくつかこのシステムでホスティングしているサービスがあります。総じてステイホームが追い風になって売上が増えました。

## 「まだ現金化できていないアイデア」を探す

とはいえ、もう少し大きな視点で見るとこれら3つのドメインは今やっている事業という意味で1つにカテゴライズされます。だから、これだけに頼るのは危険です。私は現在進行形の事業は、過去、現在、未来という3本柱の1本だと思っています。だから、現在だけでなく、過去と未来も活用して3本柱として稼働させることを心がけています。
過去とは、これまで稼いできたお金のことです。本章では投資について実に細かい説明や私のマニアックな経験談を語りました。あれは過去という資産の活用法だったのです。
では、未来とは何でしょう？　私はそれを「まだ現金化できていないアイデア」と定義しています。これは現時点では全く金を生まない資産です。そして、現金化するためには時間と手間がかかります。まさにじゃんけん300回の最前線。ここでじゃんけんをし続けて、新しいビジネスが見つけるわけです。だから、儲かっている経営者ほど、その余裕を使って新しいチャレンジをしています。チャレンジと言っても勉強とは違いますから、傍《はた》から見ると遊んでいるように見えたりもしますが、違うんです。社長は遊んでいるように見えて、勉強しているんです！（笑）
例えば、私の場合、中学生の頃から空手をやっていたし、UWF（真剣勝負を売りにしていたプロレス団体）から始まってアルテミット大会やプライドも第1回大会から見ているほどの格闘技好きでした。それでも、本格的にブラジリアン柔術を始めたのは2009年からです。そして、総合格闘家の戸井田克也《といだかつや》氏に出会い、トイカツ道場で練習を始めたのは2012年頃だったと思います。まさか、その戸井田氏にフランチャイズビジネスを持ちかけ、自らが第1号フランチャイズとして渋谷にジムを開業するとは夢にも思いませんでした。ちょうどアベノミクス相場で大当たりして、資金的にも精神的にも余裕があったからこそできた賭けだったと思います。おかげ様でこれが１つの柱になりました。しかし、柱になってしまうと仕事のステータスは未来から現在に変わります。そして、また新しいビジネスを探すリサーチが始まります。

前章で述べた通り、万物は流転し、今の儲かるビジネスモデルもいつかは儲からなくなります。それを見越して、まだ賞味期限が来ていない新しいビジネスモデルを常に探し続ける。そのためには時間とお金にある程度余裕がなければいけません。最初は自分の稼ぐ力だけを頼りに始めたビジネスも、ある程度大きくなったら仕組み化したり、システム化したりして自分の稼働を落とすべきです。いつまでも現場に張り付いていてはダメ。経営者は広い視野とチャレンジ精神を持ちましょう。

とはいえ、この仕組みを回していくのはそれなりに労力もかかります。若いうちはいいですが年齢が上がってくるとだんだんキツくなってくる人もいるでしょう。私は老醜を晒してその地位にしがみつくよりは、潔く引退して後進に道を譲るべきだと思います。とっくに賞味期限も切れた老害がいつまでも威張っていたら世の中はダメになります。昔のようなキレがなくなったらとっとと辞めたほうがいい。私は元々40歳で引退するつもりでずっとこのことを考えていました。残念ながらまだ引退できていませんが。

## 引退していいかどうか決める基準は「無収入生存年数」

ちなみに、私の中で**引退していいかどうか決める基準は「無収入生存年数」**です。これは自分の許容できる生活レベルを支えるために必要な金額（年収）で手持ちの資産総額を割って求めます。

**無収入生存年数＝資産総額÷必要年収**

**答えが自分の年齢と平均寿命との差分を上回っていたら合格です。もうあなたはいつでも引退できます。**

**（平均寿命－現在の年齢）＜無収入生存年数**

それほどの贅沢を求めず、つつましい趣味やボランティア活動に生きると決めれば意外と早く引退できるかもしれません。私もここ数年で始めたシーカヤックとか、多少上達した柔術などを続けながら、ＹｏｕＴｕｂｅとネットフリックス三昧の生活で全く問題ないような気がします。よく考えたら２０２０年4月の緊急事態宣言の時はそれに近い生活を送っていましたね。運動できないことはストレスでしたが、それ以外はまんざらでもない暮らしでした。あとはライフワークである「永遠に大学4年生」が続けられれば言うことなし。本当に地位財とは無縁な、とても質素でシンプルなオッサンであります。そもそも、ブランド物なんて興味ないですし。

『金持ち父さん貧乏父さん』のロバート・キヨサキ氏によれば、お金持ちの定義とは「1年間働かなくても生きていける人」だそうです。ド派手な生き方をして浪費ばかりしていると一生お金持ちにはなれそうにないですね。もちろん、ケチケチ生きろとは言いません。あなたの本当にやりたいこと、「自分教」をしっかりと見つけてぜひそれを実現してください。地位財だって一切買うなというわけではないです。買いたいものはどうぞ買ってください。但し、地位財で得られる幸福感は長続きしないことを知ったうえでどうぞ。自分の欲望を他人にコントロールされないようにすれば、「1年間働かなくても生きていける人」のハードルはかなり下がってくるでしょう。もちろん、「自分教」の設定ハードルが高すぎてむしろハードルが上がってしまう人もいるかもしれません。無理して下げる必要はないです。ぜひ高い志を抱いて、それを実現するために何度負けてもじゃんけんを続けましょう。頑張ってください。

さて、ここまで雑然と書き散らかしてしまいましたが、不思議な数字3の効用についてご理解いただけましたでしょうか？　とにかく、3つに分けておけば1つぐらいやられても「また生えて」きます。分け方はあなたに合ったやり方でいいと思います。現実にできる方法でいいですし、最初に分けた時は大きさがそろっていなくても気にする必要はありません。きっと「生えて」きますよ。

※1　【参考：〝五分五分の戦い〟を仕掛けるのは馬鹿がやること。孫正義が熱弁する「リーダーの資質」『新R25』（2020年4月22日）https://r25.jp/article/801751843199771943】

# 第4章

# 100年に一度の経済ショックは10年に一度やって来る

## 逆張りでピンチをチャンスに

世の中全体がピンチの時はむしろチャンスです。成功した人はみんなそう言います。しかし、実際には世の中と一緒に自分もピンチになってしまう人が大多数です。例えば、バブル崩壊やリーマンショックの時に、損した人のほうが得した人よりも圧倒的に多かった。大多数はあんな経済ショックが一気に来るとは予想していなかったのです。

みんながピンチの時に、自分もピンチになっていたら、ビジネスでの成功は覚束ない。みんなが慌てふためいている時こそ、あなたは逆にドーンとリスクを取って、大きく飛躍するべきです。これが世にいう「逆張り」というやつです。

格闘技において、相手のカウンターを取る技は効果てきめんです。なぜなら、自分が攻撃する力と相手が向かってくる力が合計されて威力が倍増するからです。ビジネスにおいても、経済危機で周りが下がっていく中で、自分一人が上がっていけたらまさに成功も2倍。実際にソフトバンクや楽天などの企業は、日本がデフレに陥って以降に伸びてきた会社です。競合他社が経済危機に恐れおののいてリスクが取れない時に、敢えてリスクを取ってきたのがこれらの会社と言えるでしょう。まさに「ナイトの不確実性」における、真の不確実性へのチャレンジでした。まさか、ソフトバンクと楽天が携帯電話会社になるなど、１９９０年代には全く想像できませんでした。

## コロナショックすらチャンスに変えた星野リゾート

現在、世界経済の大きな重石になっているコロナショックですら、チャンスに変えている人たちがいます。例えば、全滅したかに思えた旅行業界において、目立っているのが星野リゾートです。

皆さんは「ワーケーション」という言葉をご存知でしょうか？　ワーケーションとは労働（ワーク）と休暇（バケーション）を組み合わせた造語です。大まかなイメージは主に観光地やリゾート地でリモートワークしながら、同時に休暇も楽しむことです。職住近接ならぬ、「職遊近接」。まだふわっとした定義しかありませんが、「働きながら休暇をとる過ごし方」の総称として定着しつつあります。新型コロナウイルスのパンデミックによって、リモートワークできる人はなるべく会社に来ないという働き方が定着しました。これまでのような出社が主で、在宅勤務が従という考え方は根本的に変わりました。そして、後戻りも難しいのではないかと思います。

星野リゾートはワーケーションに目を付け、おそらく最初にワーケーションのインフラを提供するホテルとして大々的に宣伝を開始しました。公式ホームページには次のように書いてあります。

新たな生活様式の中で注目が集まる「ワーケーション」。リゾートホテルや温泉旅館、大自然に囲まれた非日常の空間から都市型ホテルまで、さまざまな施設を運営する星野リゾートでは、それぞれのフィールドを活かしたワーケーションの楽しみ方を提案します。共通するのは、仕事に集中できる環境をしっかり整えることと仕事から解放され、リフレッシュできるリゾート時間を提供することです。1泊での利用はもちろん、テレワークが一般化した今だからこそ、3泊、5泊と連泊をして日中は仕事、夜はリゾートという滞在を楽しんではいかがでしょうか。星野リゾートでは連泊でお得に宿泊できる割引プラン、さらに心地よいワークスペースや、気分転換に最適な食やアクティビティを用意しています。それぞれの施設で様々な個性豊かな滞在を楽しめます。仕事にも集中でき、リゾートも満喫できる旅を紹介します。

【参考：【星野リゾート】ワークを充実、バケーションを満喫！　連泊滞在でお得に　星野リゾートの「ワーケーション」　星野リゾート公式ＨＰ（２０２０年７月31日）https://www.hoshinoresorts.com/information/release/2020/07/98030.html】

例えば、「憧れのリモート書斎プラン：星野リゾート　ＯＭＯ７旭川」というプランの場合、通常15泊は12万円以上かかりますが、この宿泊プランの場合４万５０００円～とかなりお得です。「まるで旭川に書斎ができたような感覚で、ＯＭＯ７旭川で仕事に集中してもよし、テレワークをしながら休日は地域の観光をしてもよし」だそうです。星野リゾート・星野佳路代表は２０２０年７月28日放送の『直撃ＬＩＶＥ グッディ！』（フジテレビ）にて次のように述べています。

クールビズというのが出てきた時も、同じような議論があったと思いますが、だんだんネクタイをしている方が減ってきています。このワーケーションも、実はコロナ期の前から少しずつ増え始めていて、これがきっかけになって一気に観光地・リゾート地側で環境をしっかり整備されてくると、私はじわじわ増えていくと思っています。コロナの時期にテレワークが出勤として認められるという大変革が、コロナ後についても観光には大きなインパクトを与える一つになると思っています。

【仕事しながらバカンス？政府推奨「ワーケーション」って何？コロナ禍での働き方を星野リゾート星野佳路代表に聞く！　ＦＮＮプライムオンライン（２０２０年7月28日）
https://www.fnn.jp/articles/-/67711】

## コロナショックの渦中に住宅メーカー起業

コロナショックをピンチではなく、時代の変化と捉えて、さらにその先を行こうとする姿勢が見て取れます。こういう経営者は星野氏に限らず至る所にいます。

例えば、星野氏がリゾートホテルでやっていることをそのまま自宅で実現するプロジェクトがあります。ｖａｃａｎｃｅｓの岡崎《おかざき》富夢《とむ》社長はまだ40代の若い経営者ですが、「家はご飯を食べてテレビを見てお風呂に入って寝るための箱ではあってはならない」というコンセプトの下、自宅でワーケーションできる新しいタイプの住宅を提供しています。

規格外住宅「vacances」の内観　　出所：vacances 公式 HP

2Fのルーフバルコニーを最大限に活用し、スカイバス、シアター、BBQスペースにリビングスペースなどを組み合わせた新しいタイプの住宅です。さらに、遊びだけでなく仕事でも使えるビジネス用ブース（ネット会議用のインフラと「白バック」完備）も組み込まれています。例えば、マリンスポーツを楽しむ人なら、この家を郊外の海の近くに建てて、早朝はサーフィン、9時から仕事、夕方からはバーベキューといった使い方も可能とのことでした（実を言うと、私はこの会社の顧問を務めています。普段から尖《とが》ったことを言っていると、面白いプロジェクトに誘われたりするものです）。

コロナショックでGDPが3割減ったと大

騒ぎしているタイミングで、住宅メーカーを起業するなんて普通に考えたら正気の沙汰《さた》ではないですよね。でも岡崎氏にはビジョンがあります。彼は典型的なビジョナリー、見えちゃう人なんです。事情を知らない人が傍《はた》から見ていると単なる逆張りにしか見えませんが、彼にはビジョンがあるわけです。だから、勘違いしないでください。何でもかんでも逆張りすれば成功するわけではありません。

## 危機の後にはチャンスがある

とはいえ、未来をいくら正しく予想しても、投資のタイミングを間違えれば失敗します。経済全体が上昇基調にある時に合わせて新しいビジネスを展開できれば、細かいところで失敗しても何となくカバーされるし、反対にいくらいいビジネスでも経済全体が下降線の時に始めれば全く別の理由で失敗します。危機の後にはチャンスがあり、チャンスの後には危機がある。そのサイクルを見抜けば儲ける確率は各段に上がります。そして、その流れを掴むために、経済学の知見が使えます。次の年表を見てください。

１９７３年　第一次石油危機
１９８６年　円高不況
１９９１年　バブル崩壊
２０００年　ＩＴバブル崩壊
２００８年　リーマンショック
２０２０年　コロナショック

この年表は日本が変動相場制に移行してから発生した大きな経済危機を並べたものです。日本はかつて1ドル３６０円の固定相場制を採用していましたが、１９７３年から現在と同じく、時々刻々と為替レートが変化する変動相場制に移行しました。

移行したその年に第一次石油危機が起こり、日本経済は大変な混乱に陥りました。第四次中東戦争勃発で原油価格が高騰し、資源を海外に依存していた日本経済が大打撃を受けたのです。しかし、実際に起こったことは景気の後退を心配するあまり、お金を刷りすぎて激しいインフレを招いたという経済失政でした。トイレットペーパーがなくなるというデマがテレビや新聞で拡散されてパニックが起こったことはむしろオマケです。戦争そのものは早期に停戦となり、原油価格も翌年には落ち着いていたからです。

　１９７９年にはイラン革命をキッカケとした第二次石油危機がありましたが、この時政府と日銀は前回の反省を生かして、むしろ金融引締めを行い、需要を抑制することでパニックを防ぎました。原油が入ってこなくなれば原料や燃料が前よりもたくさん使えなくなります。つまり、石油危機の前に比べて、モノの生産がやりにくくなり、生産量が減ります。この時、生産量の減少に合わせて、人々がモノを買う意欲をなくせば経済はうまくバランスすることになります。第二次石油危機の時、政府及び日銀は人々の購買意欲を冷ますように金融引締め（利上げ）を行い、需要を抑制しました。これが大成功だったわけです。

　ちなみに、アメリカは第一次、第二次いずれも日本とは対照的に金融緩和をやりすぎて大失敗しています。特に第二次石油危機の時、アメリカ政府及びＦＲＢは当初日本と同じように引締めをしていたのに、途中で景気の腰折れを恐れて早々に引締めをやめてしまったのです。これが早すぎでした。モノの生産量が大して増えてもいないのに、お金ばかり増えてしまったらモノの値段が急激に上昇して経済に歪《ゆが》みが生じます。第一次石油危機の時にまさにそれが起こったにもかかわらず、アメリカは反省が足らず、同じ過ちを二度繰り返してしまったのです。

この石油危機のパターンはすべての経済危機に当てはまります。何らかの危機が発生すると政府と中央銀行はそれに対する対策を行います。その対策とは具体的にはお金の量を増減させることです。石油危機においては、原油価格の高騰でモノが作れなくなる危機だったのでお金の量が絞られました。これに対して、その次に起こった円高不況ではモノを作る能力は余っているのに円高による輸出不振でモノが売れなくなって危機が起こっています。こういう時はお金をたくさん刷って配り、余ったモノを買ってもらえばいいわけです。１９８６年の円高不況対策として、日銀は史上空前の低金利政策を導入しました。その結果、翌年からバブル景気が始まりました。

要するに経済危機が起こると政府と中央銀行が何らかの対策を講じ危機は去ります。時にはその対策が過剰になって、危機が去った後にバブル景気が発生したこともあります。危機はある日突然起こりますが、対策さえちゃんとやればその後息の長い景気の回復が続く。１９７３年の変動相場制移行からこちら、ずっとこのようなサイクルが続いてきました。

## 経済サイクルは10年周期

では、そのサイクルは何年周期か？　実際の経済政策の決定過程においては、過去の事例がそのまま当てはまらないし、似たような事象でも結果が異なったりすることがあります。とはいえ、経済危機が発生するタイミングをもっと大雑把《おおざっぱ》に遠くから眺めてみると、そこにある法則性を無理やり見出すことができそうな気がします。各回の事情は横に置いて、単に発生したタイミングだけをざっくり見てください（日本は第二次石油危機でほとんどダメージを受けなかったので年表からは外してあります）。

１９７３年　第一次石油危機
（13年）
１９８６年　円高不況
（５年）
１９９１年　バブル崩壊

（9年）
2000年　ITバブル崩壊
（8年）
2008年　リーマンショック
（12年）
2020年　コロナショック

危機から危機までの期間は、最短で5年、最長で13年です。単純平均で9・4年。憶えやすいのでざっくり10年としましょう。ある経済危機が発生すると、その後10年ぐらいは回復基調が続きます。しかし、それは永遠に続くことはありません。10年ぐらい経つと再び経済危機が起こる。変動相場制に移行してからずっとこのサイクルで日本経済は回ってきました。

もしあなたが新しくビジネスを始めるなら、世の中が回復基調にある時にやったほうがいいと思いませんか？　いや、むしろ回復基調になった時に始めるのでは遅くて、危機に陥っている時に始めておいたほうがいいぐらいです。

## 起業をするなら今がチャンス!?

例えば、あなたがラーメン屋を開業するとしましょう。経済危機の真っ只中であれば廃業するラーメン屋は山ほどあり、好立地の居ぬき物件が安く手に入るかもしれません。もちろん、前の事業者は潰れているわけですから、開業すれば絶対に逆風です。しかし、その逆風に耐えて営業を続けていれば、いずれ経済は回復基調となり商売にも追い風が吹くでしょう。

ということは、危機が発生した直後に開業するのがタイミングとしてはベストということになります。普通に考えたら経済危機の真っ只中にリスクを取るなんて正気の沙汰ではありませんが、逆にこういう恐ろしい時期だからこそライバルは二の足を踏んで動けないわけです。マイホームも買わず、長期に固定された支払いもない駆け出しのあなたならリスクも限定的。やるならこのタイミングですよ。

ちなみに、私が起業したのは２００１年の11月です。まさにＩＴバブルが崩壊して、その余波がまだ続く時期でした。しかも、２００１年４月に誕生した小泉政権は、当初は清算主義的なシバキ路線であり、経済危機に対する対応よりはむしろそれを助長するような政策をやっていました。小泉政権がその政策を転換をするのは2003年5月のことです。私が起業したのはまさに小泉政権初期の混乱の真っ只中でした。周りからはアホだと言われました。そして、軌道に乗るまでの間は、私自身も本当にこれで良かったんだろうかと悩みました。

当時私はこのサイクルの存在について知る由もありません。ちょうどいいタイミングで起業したように見えるのは単なる偶然です。

2003年5月に小泉政権が緩和路線に転じると、景気の先行きも明るくなってきました。私がケーブルテレビ局の営業コンサルの仕事で儲け始めたのもまさにこの時期からです。起業してから1年ちょっとの間は少し大変でしたが、その間、低空飛行でも飛び続けられたのが良かったと思います。

よく考えてみたら、私が新卒で就職した銀行を辞めたのも1993年でした。土地バブル崩壊から2年後。起業ではなく転職でしたが、タイミングとしてはそれほど悪くなかったかもしれません。日本経済は1995年の阪神・淡路大震災の復興需要により、1997年頃までの3年間はそれ以前よりは調子が良かったですから。しかし、1997年の消費税増税、2000年の日銀によるゼロ金利解除ですべて台無しになってしまいました。そこに最悪のタイミングでITバブル崩壊となったわけです。

## 流れを読み間違えた人の人生は悲惨

このように、世の中全体の大きなサイクルはまるで海上の大きなうねりのように押し寄せてきます。これに抵抗しようとしても沈没します。逆にそのうねりに乗れたとしても、それが永遠に続くとは限りません。約10年でその時代のうねりは終わり、大きな混乱を経てまた新たなうねりが発生します。うねりの消失と発生について、私たちは余裕を持って予想し、待ち構えるぐらいでいたいものです。しかし、大抵の場合人は何かに急《せ》かされるかのように間違った判断をしてしまいがちです。

大変残念ですが、流れを読み間違えた人の人生は悲惨です。1回休みぐらいで済めばまだいいのですが、そのまま永久にリタイアというパターンもあります。お金を失うことは人生の9割がうまくいかなくなることを意味しますので、本当に気を付けてください。しかも、これはリスクを取って起業する人に限らず、サラリーマンを続けている人でも同じです。なぜか、多くの人がこのサイクルを読み間違えて、最悪のタイミングで行動を起こしてしまうからです。しつこいようですが、人は調子に乗ると大きな買い物をしてしまうのです。２０２０年６月３日、ＮＨＫの『クローズアップ現代』で、まさにそういう人たちの悲惨な状況がレポートされています。

住宅ローンの支払いに苦しむ、30代の男性です。マイホームを購入したのは３年前。携帯ショップの正社員になったことをきっかけに、35年の住宅ローンを組みました。

取材班
「いくらでしたか？」

携帯販売員
「３１００万円くらい」

毎月の支払は10万円。
しかし、勤務先の携帯ショップが営業を短縮。残業代がなくなり、収入が半減。ローンの支払いが難しくなりました。
携帯販売員
「とにかく、どうにかしないといけない。家族とも相談をしているが、このままだと厳しい」
男性は、家族4人の生活費を賄《まかな》うため、身の回りのものをインターネットで売り始めています。
携帯販売員
「これがいま出品している（商品）。昔使っていたゲーム、健康器具、使ってない体重計。だいたい2～3千円にはなる」

取材班
「それで何とか回っていますか？」
携帯販売員
「正直、回ってない。厳しいところですね」
子どものころからピアノを続け、音楽大学を卒業した男性。長年慣れ親しんだ、このピアノの売却も検討しています。
携帯販売員
「音大に行かせてくれた父と母が、弾くと喜ぶ。自分も頑張った（思い）がこもっているので、（売るのは）嫌だ」
貯蓄もほとんどなく、日々の暮らしさえ苦しい状況。
勤務先の営業短縮は今も続き、このままでは家を手放さざるを得ないと考えています。

携帯販売員

「こういうふうにピンチになるとは思ってなかった。正直、驚いています」

【参考：まさか、家を失うとは…～広がる 住居喪失クライシス～ ＮＨＫ公式ＨＰ https://www.nhk.or.jp/gendai/articles/4424/】

「こういうふうにピンチになる」のピンチが何を指しているかと言えば、今回のコロナショックのことです。携帯電話の販売店は営業自粛や時短を迫られ、販売員の給料も抑制されてしまいました。この人はおそらくコロナ前の状況があと35年変わらずに続くと予想していたのでしょう。しかもマイホームを買ったのは２０１７年。アベノミクスが始まって４年も経ち、おそらくこれが永遠に続くとでも思ったのでしょう。

## まだ儲けていないあなたにもチャンスがある

平均10年というサイクルを知っていれば、ローンの返済期間35年で最低でも3回の「リーマンショック級」がやって来ることは簡単に計算できたと思います。しかし、この人はそれを知らなかった。知りたくなかった。今の給料が変わらず平穏無事で永久に過ごせるという願望が誤った判断につながりました。不動産会社も銀行も大事なことは一切言わず、「今買うとお得ですよ」「金利が安いのでチャンスですよ」と煽《あお》ったのでしょう。完全にカモになってしまいました。ご愁傷《しゅうしょう》様です。

何度も言いますが、これまで平均で10年に一度の割合で経済危機が来ています。それもリーマンショック級のデカいやつです。つまり、10年を超えるような長期計画というのはよほど慎重に余裕を持って立てなければなりません。住宅ローンの返済計画に代表される私たちの人生設計は甘すぎます。いや、甘いと言うより、計画そのものが守りに入っている。いわゆる劣位思考というやつです。現状が永久に続くと仮定してギリギリ逃げ切れる計画なんて脆弱すぎる。最初から戦うことを諦めているような人は、10年に一度の危機において確実に負けます。

逆に世の中は10年に一度ぐらい大きく変わるものと開き直って、むしろそれを待ち伏せしてチャンスに変えることはできないのでしょうか？　むしろ、それぐらいの根性を見せて開き直っている人ほど危機には強い。

考えてみれば、10年に一度の経済ショックによって変化が起こらなければ、既得権者は永久にその場に居座り続け、持たざる者は永久に持たざるままです。10年に一度大きな変化があるからこそ、今儲けている人が永遠にその地位を維持することはできないし、まだ儲けていないあなたにもチャンスがある。そんなふうに考えてみるのはどうでしょう？いわゆるポジティブ・シンキングとはちょっと違います。危機は危機ですが、それを変化と解釈し、それを前提に行動計画を立てるということです。

## 「プレッパーズ」と呼ばれる変わった人たち

例えば、今回の新型コロナウイルスのパンデミックによって俄然注目を集めている人たちがいます。彼らは「プレッパーズ（Ｐｒｅｐｐｅｒｓ）」と呼ばれるちょっと変わった人たちです。主にアメリカに住んでいます。そして、将来的な危機に備えてさまざまな準備をしています。

ある人は電磁パルス攻撃による文明社会の終焉を予想し、またある人はゾンビの来襲を予想し、そしてまたある人は全面核戦争を予想し、準備をしている。それがプレッパーズです。ナショナルジオグラフィックチャンネルにはかつて『Doomsday Preppers』というリアリティーショーがあり、人気を博していました。2012年から約2年間、シーズン4まで続いた人気番組です。

プレッパーズの中には感染症の大パンデミックに備えて準備していた人もいました。彼らは、地下シェルターを持ち、食料を貯め込み、自衛のために武装しています。今回の新型コロナウイルスパンデミックで起こった都市封鎖もデモによる混乱も、彼らは想定済みだったことでしょう。むしろ、感染症パニックの発生で「私たちは正しかった！」と確信を深めているのではないでしょうか？

ビジネスインサイダーが2020年3月5日に報じた（※1）ところによると、プレッパーズは、「特に、新型コロナウイルスによって引き起こされた世界的なパンデミックに動揺していない」とのことです。バージニア州のプレッパー放送ネットワークで毎週番組

『Doomsday Preppers Season1』の
DVDパッケージ

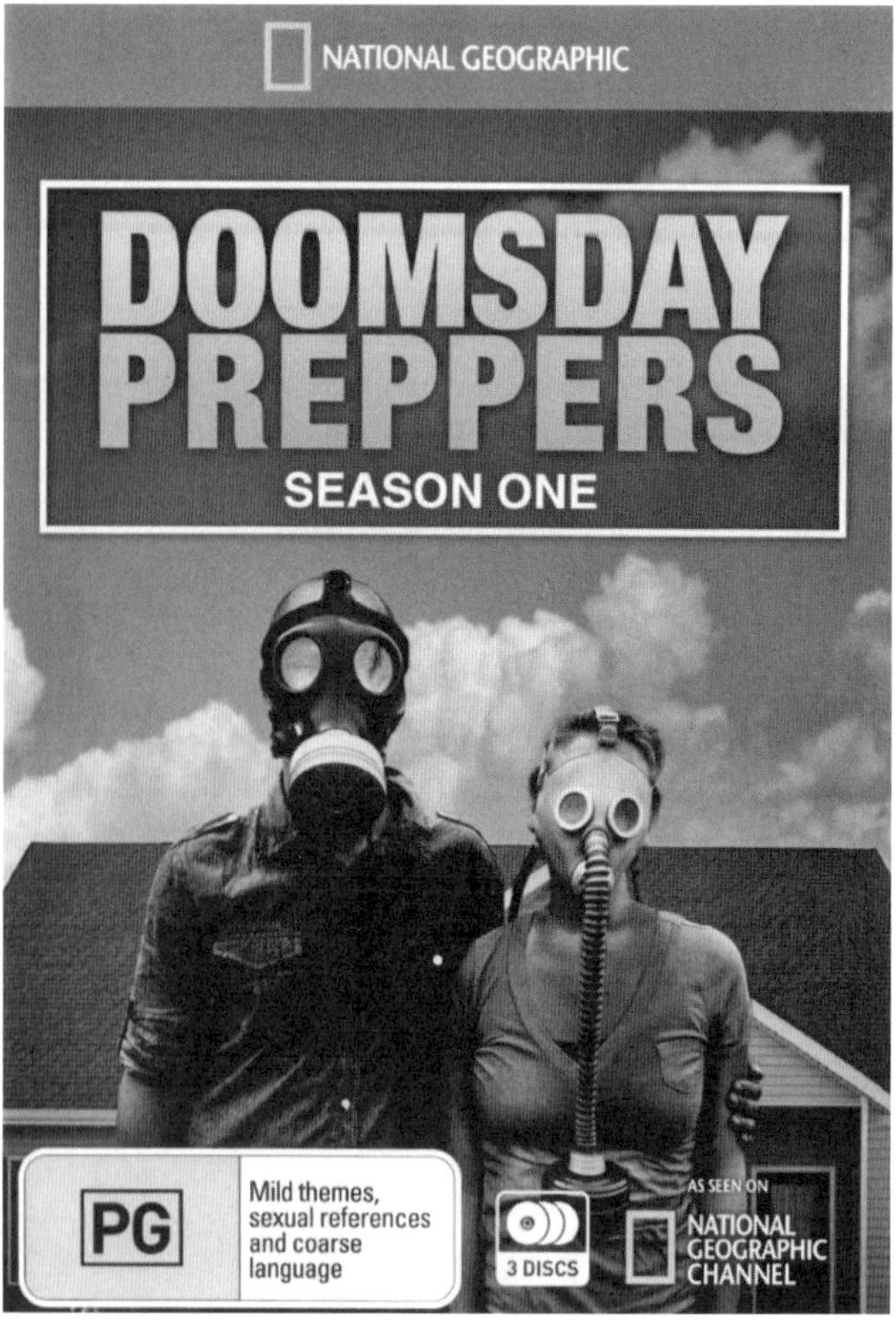


出所：https://www.amazon.com/National-Geographics-Doomsday-Preppers-Australia/dp/B01ECMUA06

を主催しているジェームズ・ウォルトン氏は、「私たちが倒せないウイルスに感染することを心配はしていません。プレッパーズのコミュニティでは、基本的なレベルの準備をしています」と述べています。準備とは、健康的な食事を維持することであり、それがウイルス性の病気に対する最初の大きな防御なのだそうです。極めてまともです。やはり備えあれば憂いなしということですね。

## 儲からなくてもいいので損のない状態を作る

さて、話を元に戻しましょう。私たちが10年に一度襲ってくる危機に対して何を準備しておけばいいか、逆に何を持っていてはいけないか。この問題について考えます。

そのためにヒントになるキーワードを教えます。それは「低空飛行」です。かっこよく言えばサステイナブルなビジネスモデル。別に商売のみならず、あなたの生活と収入のバランスも含めて、自律的に飛び続けられる設計になっているかチェックしましょう。

例えば、あなたの始めるビジネスは運営コストを売上で賄えるでしょうか？　最初から大きく飛躍することを狙わない、狙う必要もありません。例えば、ラーメン屋を経営するなら、ざっくり仕入れと家賃と人件費と水道光熱費が売上で賄えればＯＫです。利益はゼロでも構いません。まずは、持ち出しなしで商売が回っていく状態を作りましょう。これこそがまさに「低空飛行」です。

商売がダメになる時は大抵持ち出しになる時です。もちろん開業した当初はしばらく持ち出しになることはあります。問題はそれが自分の金銭的な余裕があるうちに赤字から抜け出し、低空飛行状態に入れるかどうかということです。

ちなみに、商売もやっていないのに毎月の給料では足りず、消費者ローンに借金があるような人は低空飛行ですら飛べていません。もっと給料の高いところに転職するか、無駄遣いをやめて支出を減らしましょう。

かく言う私も、２００７年に勝間和代氏と設立した会社「監査と分析」において、当初半年ぐらいは報酬ゼロで働いていました。投資顧問業として開業したのですが、顧客が見つかるまでは売上ゼロですから当然です。でも耐えられた。理由は簡単です。元々やっていた別の会社から収入を得ていたからです。勝間氏も当時書いていた本はすべてベストセラーでしたから、印税で十分生活できました。だから私たちは半年の報酬ゼロ期間を耐え抜くことができたわけです。耐えている間に顧客が見つかり、事業は黒字転換しました。

それ以降は報酬がもらえるようになったのは言うまでもありません。

しかし、翌２００８年９月にリーマンショックが起こって投資顧問業の顧客である外資系のファンドが日本から相次いで撤退してしまいました。まさに墜落確実！　これはヤバイ！

その時新たに始めたのが今の勝間塾の原型となるセミナーの仕事です。これが見事に当たって低空飛行から、一気に上昇気流に乗りました。２００９年には単発のセミナーから有料メルマガへ、２０１１年にはオンラインサロン勝間塾へと移行し、現在に至っています。まさにリーマンショックによる廃業危機からの大逆転でした。

事業は仕込んでからリターンを得るまでの間に一定のタイムラグがあります。私は今スポーツジムを10店舗以上経営していますが、開業してから一番早く採算が取れた店舗でも半年程度はかかりました。遅い店舗は1年ぐらいかかります。その間、いろいろな経費は持ち出しです。持ち出し状態は本当にキツイので、これをいち早く脱し、儲からなくてもいいので損のない状態を作る。まさにこの低空飛行への素早い移行こそが成功への秘訣です。

## 売上で経費をカバーできるビジネスモデルの確立

どんなことでも長く続けていれば、何かのタイミングで突如上昇気流が発生することがあります。低空飛行でもいいので、とにかく飛んでいさえすればその気流を摑むことが可能です。しかし、上昇気流の発生を確認してから離陸したのでは間に合わない。だからこそ、ずっと飛んでいる状態を作る。つまり、売上で経費をすべてカバーできるビジネスモデルを確立することが大事であると思います。

例えば、私の作家としてのキャリアもまさにそれです。２０２０年7月、『経済で読み解く日本史⑥　平成時代』（飛鳥新社）が上梓され、このシリーズの販売部数は45万部に達しました。まさに私の作家人生における代表作となったことは間違いありません。しかし、私が本を書き始めたのは２０１０年の1月からで、そこから約10年の低空飛行期間がありました。まさに苦節10年。10年やって、やっと代表作と呼べるセールス記録を打ち立てることができました。もちろん、この低空飛行の間にまぐれもありました。２０１６年に上梓した『財務省と大新聞が隠す本当は世界一の日本経済』（講談社＋α新書）は11万部売れています。人生初の10万部突破。しかし、その後は続きませんでした。

この10年間、だいたい1万部から調子よくて3万部ぐらいのセールスを行ったり来たりしていました。とりあえず、1万部売れれば次につながる。そう思って書き続けたわけです。大きな書店で経済ハルマゲドン本が平積みになっているのに、私の本が置いていなかったりすると本当に腹立たしかったですが、売れないのは自分のせいです。もう大変だし、やめようかなと思ったことも何度かありましたが、何とか年3、4冊のペースで書き続けることができました。まさに低空飛行で飛び続ける。これを実践してきたわけです。『経済で読み解く日本史』シリーズで上昇気流にぶち当たるまでの道のりは決して平坦ではありませんでした。

## なぜ必ずチャンスが巡ってくると断言するのか？

低空飛行の重要性は、ほかの商売でも言えることだと思います。現に、知り合いのベンチャー経営者にこの話をすると多くの人が納得してくれます。最初から成功することが分かってリスクを取る人はほとんどいません。まずはビジネスの世界に飛び込んで、実践の中で低空飛行を学ぶ。そして、長く続けているうちに必ずチャンスは巡ってくる。問題はそこまで続けられるかどうか。それだけです。

なぜ必ずチャンスが巡ってくると私が断言するのか？　本章の冒頭の話を思い出してください。経済危機は約10年に一度のサイクルでやってきます。その時、それまでの正解は不正解になります。新しい流れの前には、既得権だって崩れ去る。私はその大きなうねりと、既存の業界の崩壊をこの目で見てきました。

バブル期の就職活動で私が目指したのはマスコミと金融です。どちらもバブルを代表する華やかな業界でしたが、あれから30年経ってどちらも斜陽産業と化しています。

自分で勤めていたこともありますが、銀行がまさかこんなことになるとはバブルの絶頂期に誰が想像したでしょう。しかし、もう銀行の斜陽産業化が明白になっているにもかかわらず、それでも銀行への幻想を捨てられない人が多いみたいです。大学生の就職ランキングの上位に未だ銀行がたくさん出てきます。これは教育の敗北でしょうか？　すでにこんなニュースが何度も報じられているのに……。

メガバンク3社はもともと24年までに大幅な店舗削減と計3万人以上の人員減を計画し

ていましたが、今回のコロナの影響により顧客のデジタルシフトが加速し、計画達成が後押しされることになりそうです。

ＭＵＦＧでは、当初17年度末の５１５店舗に対して35％の店舗削減目標でしたが、40％減の約２００店舗削減へ改め、人員数は６０００名程減少を計画。ＳＭＦＧは非金利収益を強化、これまでのフルサービス店舗の割合を減少させ、個人コンサルティングに特化した面積の小さい軽量店舗へ入れ替えることで２２００人分の業務量を削減。これに加え、本部人員の３割削減を掲げ、23年までに６０００人の減少を目指しています。みずほＦＧでは、17年に約５００あった店舗数を24年までに１３０店舗削減、26年までに１万９０００人の人員削減を見込みます。

このような既存のフルサービス店舗と人員削減を各社計画している中、コロナ禍は、不要不急の外出を避ける顧客のデジタルシフトを促進、計画実行を加速する契機になり得ます。実際、19年のＭＵＦＧでは、スマホやＰＣによるオンライン振込は44％増加、実店舗利用は２％減となり、顧客側の実店舗利用頻度は下がっています。このようなデジタルや非対面チャネルへ顧客がシフトしていくことにより、利用数が少ない店舗が鮮明となり、閉店対象店舗の選定がより容易になります。それに伴い、店舗人員の減少も現在の計画値より上振れることも有り得ます。

【参考：コロナが人員削減を後押し…銀行と銀行員はこれから〝本当の地獄〟を見る　PRESIDENT Online（2020年6月16日）https://president.jp/articles/-/36197?page=2】

かつては大蔵省による「護送船団方式」で守られ、絶対に潰れないと言われていた銀行ですが、すでに1990年代末に相次いで経営破綻しその神話はとっくに終わっていました。そして、コロナショックでトドメ。どう考えても10年後に無事でいられる業界ではないのですが、未だに銀行就職を目指す若者がいるのには本当に驚きます。日本の歴史教育においては、平均10年に一度やって来る経済危機はなかったことになっているのでしょうか。経済におけるサイクルを知らないことで実際に被害を受けるのは若者なのでとても心配です。

## 既得権益に風穴を

　また、インターネットの普及で地上波テレビ局というビジネスモデルが終わりつつあります。広告の出稿金額でテレビはついにインターネットに逆転されました。さらに、今回の新型コロナウイルスパンデミックではワイドショーが視聴率目当てに煽りすぎたせいで逆にＣＭの発注が激減するという珍事に襲われています。

「新型コロナウイルスの影響で中止続きだった民放キー局（日本テレビを除く）の社長定例記者会見が約三カ月ぶりに再開した。各局ともおおむね四、五月の「ステイホーム」期間中、視聴者の在宅率が上がり多くの人に見られていたが、経営の根幹であるＣＭ収入は大ダメージとなる衝撃的な数字を記録したという。（原田晋也）

「精査はしていないが、過去最大クラスだろう。われわれは普通、２％や３％下がったら『大変だ！』と言っているのに、それが30％や40％も落ちているわけですから」。八日のＴＢＳの定例会見で、佐《さ》々《さ》木《き》卓《たかし》社長はＣＭ収入についてこう言及した。

テレビCMには、番組と一体となった枠で放送し、特定の視聴者層に見てもらいやすい「タイムCM」と、番組の合間などさまざまな時間に流される「スポットCM」がある。TBSによると、同社の四月のスポットCM収入は前年比で77％台、五月が59％台だったという。

新商品のキャンペーンなど機動的に使われるスポットCMは景気などの影響を受けやすく、外出自粛が続いた五月は各局とも約30～40％と大幅に下落した。化粧品、外食、レジャーなどの業種でCM出稿量の落ち込みが目立った。（中略）

民放キー5局　5月のスポット　CM収入

日本テレビ　未発表
テレビ朝日　58・7％
TBS　59％台
テレビ東京64・7％
フジテレビ57・5％

※前年同期比」
【出典：民放、衝撃のCM収入減　「ステイホーム」期間中、「スポット」不振　3～4割下落　東京新聞Ｔｏｋｙｏ Ｗｅｂ（２０２０年7月11日）https://www.tokyo-np.co.jp/article/41753】

バブル崩壊、ＩＴバブル崩壊、リーマンショック、コロナショック……テレビの絶頂期をバブルのピークだった１９９１年とするなら、合計で4回の経済危機が襲った計算になります。これだけ大きな変化が立て続けに起これば、どんなに絶好調だった業界でも無傷でいることは不可能です。スポットＣＭの減少がこのまま続けば、体力のない地方局から身売りや経営破綻といった話が出てくることになるでしょう。

これほど規制に守られて高学歴社員で固めたテレビ業界ですら、永遠ではなかった。所詮人の作ったものですから。だから、今何も持っていない皆さんにもチャンスがあります。２０２０年はコロナショックという未曽有《みぞう》の危機が起こりましたので、ここから10年ぐらいは上昇気流が発生しやすい期間です。諦めるのはまだ早い。むしろ、これからが勝負ではないでしょうか。

若い皆さんは経済危機の流れを摑んで、既得権益に風穴を開けてください。それは皆さんの商売での成功のみならず、日本の新しい産業基盤となっていくでしょう。

※1　【参考：ＢＵＳＩＮＥＳＳ ＩＮＳＩＤＥＲ（２０２０年3月5日）https://www.businessinsider.com/doomsday-preppers-advice-on-how-to-prepare-for-the-coronavirus-2020-3#specifically-eat-more-fruits-and-vegetables-spinach-ginger-turmeric-and-nuts-like-almonds-are-all-great-additions-to-a-plate-2】

# ―第5章―

# 嘘つきメディアに騙されるな

## 夢は永遠には続かない

バブルの絶頂でバブルが永遠に続くと叫んだ人々がいます。何も考えず、みんなが言っているからきっと正しいに違いない。そう信じた人は大損しました。その時のことを憶えている人が減ってきたので、戒《いまし》めのためにこの話を敢えて蒸し返します。

当時の様子について、大和証券のレポートにはこんなことが書かれていました。

今からほぼ30年前、平成最初の「大納会」（株式市場の年内最終取引日）となった1989年12月29日に、日経平均株価が史上最高値3万8915円87銭を記録しました。当時、日本経済はバブルの全盛期で株式市場に対して強気な見方が多く、日経平均株価は今後5万円に達するという声も聞かれました。しかし、年が明けると株式相場は大きく崩れ、1990年の大納会の日経平均株価は2万3848円71銭と、わずか1年で約39％も下落したのです。株価の下落を追うように、1990年代初めに地価が下落基調へと転じ、経済成長率が低迷するなど、バブル経済の崩壊が明らかとなってきました。その後、日本経済・金融市場は、金融危機やデフレ不況に陥り、「失われた20年」ともいわれる長期経済停滞に悩まされることとなったのです。

【参考：連載マーケットを読む！　金融経済ニュースの着眼点　第10回日経平均株価の「失われた30年」　Kinzai Financial2020.1　https://www.dir.co.jp/publicity/magazine/gdp1m8000064uy9-att/20010101.pdf】

１９８９年から日銀が超低金利政策を転換し、利上げを始めていました。しかし、株価の上昇の勢いは衰えず、１９８９年末の大納会で日経平均は史上最高値３万８９１５円87銭を記録しています。

20代、30代の読者には分からないかもしれませんが、当時は山手線内の土地価格をすべて合計すると、アメリカ全土の不動産が買えるというぐらいに土地価格が高騰していました。都心の再開発にたまたまヒットした地主が巨万の富を得ることもしばしば。しかも、当時の金利は３％ぐらいあって、例えば１００億円の土地の売却益を得た人は毎年３億円の濡れ手で粟!!　今ではあり得ない不労所得を得ることができました。学生が主催する学園祭のイベントにもたくさんの企業スポンサーがついて、ビンゴ大会では豪華賞品がもらえます。学生と企業をつなぐお仕事をしていたのは「プロデュース研究会（通称：プロ研）」という大学のサークルです。バブル期にブイブイ言わしていた学生はだいたいこれに入っていました。彼らにちょっと話を通してもらうと、ジュース１０００本くらいは軽く調達できました。３泊４日北海道スキーツアーとか、ディズニーランドのタダ券とか、何だかよく分かりませんが、企業は学生にやたらと賞品を提供してくれたことを憶えています。

しかし、１９８９年から日銀の利上げは始まっていたわけですから、こんな夢のような時代がそのまま続くことはあり得ませんでした。まして、株価がこのままこの高値を更新することはなかったのです。

## 赤信号、みんなで渡れば怖くない

金融引締めをすれば景気が悪くなる。そんな当たり前のことに誰も気付きませんでした。悪いのはマスコミです。「日経平均株価は今後5万円に達するという声」を上げていた張本人ですから。しかも、この株高は当然だとお墨付きを与える理論を大々的に宣伝し、

「株はまだ安い！」と煽《あお》りまくっていました。

「もう一つ忘れられないのは、証券経済研究所が若杉敬明《わかすぎたかあき》東大教授（当時）を座長とするワーキング・グループに書かせた報告書が提示した「Ｑレシオ」という概念の登場だ。

　同報告書は、地価を含めた日本企業の資産価値（時価評価された実質純資産）を考えると、株式の時価総額、すなわち株価は、まだまだ上昇余地があるという議論を展開した。これを、多くのメディアは、これを「日本の株価がまだまだ高すぎないことについて、東大教授のお墨付きが得られた」という文脈で報じた。

　当時、東証一部上場銘柄の平均的なＰＥＲ（株価収益率）は60倍から80倍程度に達しており、証券界は、「それでも株価は高くない」と顧客に言うことができる別の株価尺度を求めていた。

　バブルの絶頂期には、「株価はまだまだ高くないのだ……」ということを「もっともらしく説明する、新しいアイデア」が登場することが多い。これは、経済学者の故ジョン・ケネス・ガルブレイス氏が「バブルの物語」で強調したことでもあるが、バブルの症状的な側面での特徴の一つだ。」

【参考：「日本のバブル」はどのように起こったか　トウシル（２０１３年１月25日）

https://media.rakuten-sec.net/articles/-/4013】

Qレシオの最大の問題点は「地価を含めた日本企業の資産価値」に注目した点です。この当時、日本の土地バブルの勢いはすさまじく、前述の通り「山手線内の土地価格でアメリカ全土が買える」と言われたほどの爆上げをしていました。そんな地価を資産価値に含めたら、株価は安く見えて当然です。もちろん、そのバブルが永久に続けばこのQレシオは正当化されたでしょうが、すでに1989年から利上げが始まっており、この勢いが継続するのは不可能な情勢でした。

そんな中、「日経平均株価は今後5万円に達するという声」はどこから聞こえてきたのか、大和証券はもっとハッキリ言ったほうがいいですよ。この声を上げていたのは日経新聞をはじめとするマスコミです。そして、多くの人がそれを信じました。赤信号、みんなで渡れば怖くない。

確かに、怖くはないかもしれませんが、車に轢《ひ》かれれば怪我をしますし、下手をすれば死んでしまいます。1990年に株価は約39%もの大暴落となりました。そして、多くの人が巨額の損失を出し、途方に暮れたのです。

しかし、問題はそれにとどまりません。株価が下がると一定のタイムラグを置いて不動産価格も下落します。そのメカニズムはこうです。

株価が上がると、株を保有している人は含み益が出てお財布の中身が増えたような錯覚に陥ります。いわゆる資産効果というやつです。その錯覚によって財布の紐が緩み、不動産への投資が増える。結果として不動産価格は上昇します。株価が下がればこれとは反対の逆資産効果が発生します。株を保有している人は財布の中身が寂しくなったように錯覚し、財布の紐がきつくなるわけです。その結果、不動産への投資額も抑制されます。もちろん、株を持っていない人は関係ないというご意見もあるでしょう。しかし、収益物件を買っている投資家の多くは同時に株を保有しています。一定割合のプレイヤーが勝負から降りてしまうと当然価格にも影響が出てきます。

不動産を買う人は大抵銀行からの融資を受けています。そして、その融資の担保に購入した不動産が充《あ》てられていることがほとんどです。不動産価格の下落が無視できないレベルに達すると、融資額に対する担保の評価額が不十分ということになりかねません。銀行は下落した担保価値に合わせて融資の残高を圧縮するようプレッシャーをかけてきます。バブル崩壊の時に「貸し渋り」「貸し剥がし」と呼ばれる融資の圧縮があったのはこのせいです。

株価が下がっても、株を持っていなければ関係ないという人がいます。しかし、これは間違っています。例えば、あなたの勤めている会社が不動産投資に手を出していたり、会社の事務所が入居する物件がこうした不良債権になったりすると、当然悪い影響が出ます。あなたが勤めている会社の主要な取引先が不良債権に引っかかったとしても同じように悪い影響が出る。株を持っていない人でも、会社の業績や不動産価格の下落、銀行の融資姿勢の変化などさまざまな経路を通じて悪影響を受けるのです。

## 毎日トンチンカンな市場解説記事が垂れ流されている

ところが、そんな大事な株価を大ハズシして未だに何の反省もしていないのが、日経新聞をはじめとしたメディアの皆さんです。今でも毎日トンチンカンな市場解説記事が垂れ流されています。星占いのほうがよっぽど当たるのではないかと思えるような酷い内容です。例えば、次の2つの記事を読み比べてください。

**東証大引け　反落　２万３０００円割れ　米中対立を警戒　半導体・電子部品に売り**

20日の東京株式市場で日経平均株価は反落し、前日比２２９円99銭（１・00％）安の２万２８８０円62銭と12日以来、約１週間ぶりに節目の２万３０００円を割り込んで終えた。米連邦準備理事会（ＦＲＢ）が19日に公表した７月開催の米連邦公開市場委員会（ＦＯＭＣ）議事要旨を受け、ＦＲＢが追加の金融緩和策の導入に前向きではないとの見方が広がった。19日の米国株式市場で主要株価指数が下落した流れを引き継ぎ、日本株にも売りが優勢になった。

【出典：東証大引け　反落　２万３０００円割れ　米中対立を警戒　半導体・電子部品に売り『日経新聞』（２０２０年８月20日）https://www.nikkei.com/article/DGXLASS0ISS16_Q0A820C2000000/】

**日経平均大引け　反発　２５７円高「菅氏出馬」に期待感　商社株高も支え**

31日の東京株式市場で日経平均株価は反発し、前週末比２５７円11銭（１・12％）高の２万３１３９円76銭で終えた。安倍晋三首相の後継を選ぶ自民党総裁選に菅義偉官房長官が出馬を検討していると伝わり、安倍政権の政策が継続するとの期待感から買いが先行した。米著名投資家ウォーレン・バフェット氏率いる米投資会社バークシャー・ハザウェイが日本の5大商社の株式をそれぞれ5％超取得したことも明らかになり、投資心理が大幅に改善した。

【出典：日経平均大引け　反発　257円高　「菅氏出馬」に期待感　商社株高も支え『日経新聞』（2020年8月31日）https://www.nikkei.com/article/DGXLASS3LTSEC1_R30C20A8000000/】

1つ目の記事ではFRBが金融緩和に後ろ向きということで株が売られたと書いてあります。もしそれが株価の下落の原因であるなら、少なくともその原因が取り除かれるまで株価は上がらないと考えるのが普通でしょう。ところが、2つ目の記事ではFRBのことは一切触れられておりません。代わりに「安倍政権の政策が継続するとの期待感」と「米投資会社バークシャー・ハザウェイが日本の5大商社の株式をそれぞれ5％超取得したこと」を理由に株価が上がったと書いてあります。日経新聞は前に株が下がった理由は忘れてしまったのでしょうか？　多分、忘れている、いやなかったことになっているのだと思います。

要は、上がった時は前向きなニュース、下がった時は後ろ向きなニュースを適当にピックアップしてこじつけているだけです。ハッキリ言ってこんな情報をいくら後追いしても得られるものは何もありません。ある日突然○○に対する期待感が沸き上がったかと思ったら、次の日には突如として○○に対する失望感が広がる。「お前本当に見てきたのか!?」と1万回問い詰めたいです。絶対テキトーに書いてます。読むだけ無駄。

## 情弱が何を考えているか知りたかったら、新聞を読め

そもそも短期的な株価の変動はランダムウォークです。その理由を探しても見つかるものではありません。それにもかかわらず、日経新聞は今日も市場の後講釈に余念はありません。惰性でやっているのか？　全くもって読む価値なしです。

しかし、かく言う私は日経新聞を、有料購読しています。その理由は、これを読んで信じて行動を起こしてしまう人を出し抜くためです。市場はあらゆる情報を織り込みますが、当初の反応は極めて「情弱（情報弱者のこと。簡単に言うと遅れている人）」的です。情弱が何を考えているか知りたかったら、新聞を読むことですよ。新聞は情弱向けに、情弱

が喜ぶこと、納得することを書いていますから。私はそのためだけに日経新聞を取っています。ちなみに、日経新聞以外の新聞も経済記事についてはその大半がトンデモ記事です。ただ、朝日新聞や毎日新聞を好んで読む人は株をやらないので、市場における影響力は大したことがありません。コスパで考えれば圧倒的に日経新聞です。

## マスコミで話題になったら終わり

ちなみに、かつてメディアが仮想通貨バブルを煽っていたことを憶えていますか？　日経新聞にはこんな記事が掲載されていました。

**「退職金で投資デビュー」は危険　50代で運用始めよ**
**資産運用の達人に聞く（上）**

30代から退職する数年前までは、ある程度リスクを負った運用をしてもいいと思います。コア資産の他に、全資産の5～10％ぐらいを「サテライト（衛星）資産」として高リスクの資産に投資するのもいいですね。サテライト資産は中小型の変動率が高い個別株であってもいいですし、最近話題の仮想通貨であってもいいです。

サテライト資産はおまけのようなものであり、ハイリスク・ハイリターンを狙ってもいいと思います。サテライト資産は、自分が知らないものへの挑戦のための授業料と考えてもいいくらいです。

ここで重要なのは、サテライト資産の運用に熱中してすぎて、気がついたらコア資産を取り崩してしまわないようにすることです。サテライトの全体に占める割合は増やさず、あくまでオマケぐらいの感覚がいいでしょう。

資産全体の90～95％はしっかり増やしつつ、残りで大きな値上がり益を狙うというのに留めるべきです。一方で、サテライト資産の運用ではロスカットなどのルールを作っておくこともお勧めします。また、55歳ぐらいからは、現金比率を増やすなどして徐々にリスク許容度を落とし、老後に備えるのが望ましいですね。

【出典：「退職金で投資デビュー」は危険　50代で運用始めよ　資産運用の達人に聞く（上）『日経新聞』（２０１７年12月22日）https://www.nikkei.com/article/DGXMZO23685210Q7A121C1000000/】

あくまでもメインの投資先ではなく、ハイリスク・ハイリターンを狙うサテライトの部分でとの断りがありますが、仮想通貨への投資もアリだと書いてあります。しかし、この記事が出た２０１７年12月頃２００万円だったビットコインは、翌年１月には半値以下になります。そして、年末には40万円台へと大暴落しました。日経新聞が仮想通貨への投資はアリだとお勧めしたタイミングはまさに神の領域と言わざるを得ません。

ちなみに、私は２０１８年の新年早々にビットコインはすべて売却してしまいました。実は、年明け早々ＡｂｅｍａＴＶのカンニング竹山さんの番組から出演オファーを受けましたが、その時のテーマが仮想通貨投資だったのです。仮想通貨に投資している芸人の相談に乗るというネタだったのですが、ここまでメジャーになっているということは、ブームはもう終わりだなと思いました。出演オファーを受けた次の瞬間に全額売却したのは言うまでもありません。マスコミで話題になったら終わりなのです。

## 新聞記者は単なるサラリーマン？

巷《ちまた》では新聞記者は専門家だと勘違いしている人が多すぎます。大変残念ですが、彼らは身銭を切って投資しているわけではないし、投資で食べている人でもありません。単なるサラリーマンです。そして、市場を解説するための知識も不足しています。私から見たら「経済情弱」みたいなのがたくさん記者をやっています。そんな情弱でも気付くようなことに何の価値もありません。

そもそも、経済部に配属される記者が経済の専門知識を持っているとは限りません。新聞社の採用は一般の会社と同じで新卒一括採用がメインです。採用される学生も経済学を専門に修めた学生とは限りません。日経新聞の採用条件を調べてみましたが、大学時代に経済、金融、経営、会計などの科目履修は必須となっていませんでした。日経新聞の新卒採用ページには次のように書いてあります。

応募資格

１９９２年4月2日以降に生まれた方で、次に該当する方が対象です。

①日本の四年制大学・大学院を２０２１年3月までに卒業・修了見込みまたは既卒の方

②海外の大学・大学院に在籍している方（交換留学は除く）は日本の四年制大学・大学

院と同等の学位で、2021年3月までに卒業・修了見込みまたは既卒の方
学部・学科は問いません。
【出典：NIKKEI 採用情報 https://www.nikkei.co.jp/saiyo/recruit/requirements.html】

最後の一言にはしびれました。「学部・学科は問いません」だそうです。信じがたいことですが新卒なら誰でも経済記者になれませんか？ さすがにこれはないだろうと思って、採用ページをよく調べてみたら「高度な専門記者」という中途採用の募集ページを見つけました。

高度な専門記者
経済、財政、マーケット、企業経営、外交・安全保障、IT、エネルギーなどの分野に関して、専門的視点から深い解説記事などを書ける人材を求めています。博士号または同等の専門知識をお持ちの方や、シンクタンク、大学、企業、研究機関、官庁などで実務・研究経験を積んだ専門的な分析力を持つ方を歓迎します。

これなら期待できそうですね。でも、残念なことに高度な専門記者の採用人数は新卒に比べて圧倒的に少数派です。以前、日経新聞に勤めている友人に聞いてみたところ、高度な専門記者という職種で採用された人に社内で会ったことがないそうです。つまり、ごくまれにプロが採用されているのかもしれませんが、大多数の記事は新卒から叩き上げた素人が書いている。これが現実のようです。だからこそ、あんな矛盾した内容の記事を平気で垂れ流して何の良心の呵責《かしゃく》も感じないのでしょう。

## 素人でも記事が書ける「記者クラブ制度」

「経済専門紙」ですらこの程度ですから、ほかの新聞やテレビ、ラジオなどは推して知るべし。そんなマスコミの垂れ流す経済ニュースを信じて身銭を切ることなんてできません。書いている記者が、実際に投資している我々以下の知見しか持っていないわけですから。でも、そんな素人にも記事が書けてしまうのは謎です。どんなカラクリがあるのでしょうか？

実は、日本には素人でも記事が書ける仕組みが整っています。それが、記者クラブという制度です。拙書『財務省と大新聞が隠す本当は世界一の日本経済』（講談社＋α新書）より、記者クラブ制度の説明とその問題点に関する指摘の部分を引用します。

記者は紙を食べます。紙は官庁や会社のプレスルームで担当の人が配ってくれます。それを適当に編集するとあら不思議！　記事の出来上がりです。

しかし、新聞社は複数あり、一応ライバル関係にあります。配られる紙をひたすら記事にするという単純作業で他社と競争するというのは大変です。差をつけるとしたら、誰が一番早く紙をもらえるかという競争しかありません。場合によっては紙をもらう前に、その内容だけ口頭で聞いて記事にしてしまうんです。そうすると、後で紙が出た時に他紙が後追い報道をします。これがいわゆる「抜いた」とか「抜かれた」という新聞社同士の独自の戦い、いわゆる「特ダネ」の本質です。夜討ち朝駆けとは、紙の中身を知ってそうな政治家や官僚などと、ズブズブのお友達関係になって、事前にその中身を教えてもらうという涙ぐましい努力のことを指します。

さて、こんな報道のやり方に問題はないでしょうか？　大ありです。経済理論は一体どこにいってしまったんでしょう？　情報を出す側は、先に紙の中身を教えることで、自分たちに有利なように報道内容をコントロールしようとします。「特ダネ」をもらうために、記者は情報の出し手にも恩を売りたいので相手の意向にある程度従わざるを得ません。しかし、そんなことを続ければ、新聞は単なる官庁や大企業の発表媒体になってしまいます。ジャーナリズムは一体どこへ消えたのでしょうか。

経済報道においてこれをやっているからこそ、ライブドア事件をあれだけ叩いた新聞が、オリンパスや東芝の粉飾決算に甘いわけです。そして、財務省の記者クラブから紙をもらっているからこそ、増税の悪影響がこれほど広がっているのに「財政再建のために増税しろ」なんて記事を恥ずかしげもなく書けてしまうのです。

【出典：『財務省と大新聞が隠す本当は世界一の日本経済』（講談社＋α新書）上念司著】

記者は紙を食べるヤギです。役所や大企業に行くと餌である紙をたくさんもらえます。逆に、この紙が食えなくなるとヤギは死んでしまいます。だから、飼育員さんに気に入られるように下手なことは書きません。飼育員さんに「この情報はこういうふうに書くんだぞ」と言われれば大体その通りに書いてしまうわけです。

東京高検の黒川弘務《くろかわひろむ》前検事長ら4人が2020年5月21日に賭け麻雀に興じていたというスクープが週刊文春に掲載されたことは記憶に新しいと思います。あの時、黒川氏と麻雀を打っていたのは、朝日新聞の幹部社員（司法担当の元記者）と産経新聞の2人の現役記者でした。彼らは「太いパイプ」を使って検察に接近し記者クラブよりも早く紙を取ってくる敏腕記者です。麻雀をしながら取材対象にカマをかけていろいろなことを聞き出し、「関係者によると……」といった形でスクープ記事を飛ばすわけです。しかし、この時主導権を握っているのは記者ではなく情報源のほうです。黒川氏のような立場にある人は、提供する情報の中身を取捨選択し、マスコミをコントロールして広報機関のように使います。国民の知る権利はどこへ？

取材対象が財務省でも、日銀でも、経済団体や大企業でも基本的な構図は同じです。マスコミは真実よりも先出しされたリーク情報に群がり、さしたる検証もなく垂れ流す。後で発表があってそれが本当だったと分かれば「抜いた！」と大喜びするわけです。読者不在、ジャーナリズム不在の内輪の論理で今日もニュースが粗製乱造されています。しかも、そのニュースは情報源に不都合なことが起こらないよう微妙にコントロールされている。そんなニュースを信じてあなたの財産を賭けられますか？　私には無理です。

## 一体何を信じればいいのか？

では、一体何を信じればいいのでしょうか？　私はここで安易にネットを信じろとは言いません。ネットの情報は玉石混淆《ぎょくせきこんこう》でマスコミ以上にバイアスのかかった情報、デマも大量にあります。とはいえ、マスコミの場合は記者たちの利害関係のフィルターを通した情報しか存在していないのに対して、ネット上にはフィルターを通す前の情報が大量に転がっています。専門性のかけらもない記者が、情報源を忖度《そんたく》しながら書いた記事よりも、全く加工されていない生の情報のほうがまだマシです。なぜなら、マスコミの掲載する記事から真実を「復元」するほうが、よほど手間がかかるからです。

実例を示します。次の記事は日経新聞の社説です。この記事の間違い探しをしつつ、情報を復元してみましょう。

**［社説］甘い試算で財政悪化の現実を覆い隠すな：日本経済新聞**

新型コロナウイルスの封じ込めと経済活動の正常化をともに実現するには、政府の機動的な予算対応が不可欠だ。一方で急速な財政悪化を直視する責任もある。甘い試算で厳しい現実を覆い隠すようなことがあってはならない。

（中略）

1％弱の潜在成長率に甘んじる日本にとって、あまりにも楽観的なシナリオといわざるを得ない。にもかかわらず政府は29年度どころか、25年度にPBを黒字化するという目標を掲げ続ける。

いまはコロナ危機の収束が先決である。ウイルスの感染防止策や家計・企業の支援策などをためらう時ではない。それでも国庫の窮状を正しく伝え、国民や市場の理解を得る努力は怠れまい。

20年度末の国・地方の長期債務残高は、国内総生産（GDP）のほぼ2倍に当たる1200兆円近くに膨らむ。こうした数字を踏まえ、日本国債の格付け見通しを引き下げる動きもみられる。

日銀が大量の国債を購入し、金利の上昇を抑え込んでいるとはいえ、安心できる状態ではない。政府の財政運営に対する信認が失われ、思わぬ危機を招かぬよう、細心の注意を払う必要がある。

そのためにも現実に即した財政再建の目標や道筋を再検討すべきだ。国民に痛みを強いる歳出・歳入改革に踏み出すのはまだ先になろうが、無駄やばらまきの排除ならすぐにでも取り組める。

【出典：［社説］甘い試算で財政悪化の現実を覆い隠すな『日経新聞』（２０２０年８月７日）https://www.nikkei.com/article/DGXMZO62442290X00C20A8SHF000/】

何も知らずに読んだら、日本の財政状態はそんなに大変なのかと不安になる内容です。しかし、私から見れば、この記事は取材源の財務省に配慮した提灯《ちょうちん》記事です。そのことを検証するために、まずは抜粋部分の中から「ファクト」を取り出してみます。実は以下の数文字しかありません。あとは全部論評です。

「20年度末の国・地方の長期債務残高は、国内総生産（ＧＤＰ）のほぼ2倍に当たる１２００兆円近くに膨らむ」

政府債務がＧＤＰの2倍だというファクトを用いて、「現実に即した財政再建の目標や道筋を再検討すべき」という結論を導き出しています。確かに、この情報しかなければ、その提案は間違っていないように思えるでしょう。

しかし、日本の政府には巨額な負債がある代わりに、それとほぼ同額の資産があると聞いたら、人々の印象は大きく変わるのではないでしょうか？　日経新聞をはじめ、多くのメディアは政府債務を語る際に貸借対照表（バランスシート）の概念を使いません。負債が多いか少ないかは負債総額だけでは決まりません。資産とのバランスで決まります。メディアがこんな大事なことを無視する理由はすでに述べましたよね？　社員の募集要項を見れば分かる通り、経済学については文字通り「情弱」、素人同然の記者が記事を書いている。それだけのことです。

## 日本国債は大人気!?

例えば、1億円の豪邸を1億円の借金をして買った人がいたとしましょう。この人は1億円の資産と1億円の負債を持っていて、それがバランスしています。そして、豪邸の価値が1億円のままなら、いつでもそれを処分して負債をチャラにすることができます。この人の年収が１０００万円だったとして、追加で50万円の借金は可能でしょうか？　まぁ余裕ですよね。普通に考えれば全く問題ないです。この人の借金１億円だけに注目していては、まさに「木を見て森を見ず」なわけです。今マスコミが日本の財政に対してやっていることはまさにこれです。

２０１８年国際通貨基金（ＩＭＦ）の財政モニターという調査によれば、日本政府は負債も多い代わりに資産も多く、債務の純額はゼロであると評価されました。この点について、政府資産は売れないとか、日銀が保有する国債をカウントするなとか、いろいろなイチャモンを付ける人がいます。確かに、道路や建物を2秒後に現金化するのは無理です。でも、そんなことを言い出したらトヨタの巨大なプリウスの製造工場だって2秒後に現金化はできません。では公開されているトヨタの財務諸表は間違っているのでしょうか？

もちろん、そんなわけはありません。その工場でプリウスを作って、売って、利益が上がるので、その工場は価値がある。同じように、国の所有する道路などのインフラは、それを使って人々が経済活動して利益が出る（税収が上がる）ので価値があるわけです。２秒後の転売価値でこの問題を語る人はとても愚かであると思います。

財務省は国の財務諸表を公開しています。ただ、一つ残念なのはこの財務諸表には日銀が保有する国債の残高が資産として計上されていないことです。日銀は政府の子会社であり、日銀が保有する国債への利払いは全額国庫納付金として政府に還流します。また、元本についても償還期限が来たら新しい国債を渡して強制的に借換えも可能です。つまり、日銀が保有する国債については実質的には返さなくていい債務ということになります。この点を付け加えて、財務省が発表している「国の財務書類（平成30年度）」を作り直してみました。次の表をご覧ください。

日本国政府の持つ資産は1482兆円、これに対して負債総額は1517兆円です。差額は約35兆円ですが、日本のGDP約500兆円に比べれば微々たるものです。

誤解を恐れずに喩《たと》えるなら、今の日本政府の財政状態は年収500万円の人が住宅ローンを1517万円抱えているようなものです。そして、ローンを組んで買った家の価値が1482万円しかない。差額の35万円が純負債となっていますが、年収が500万円あるのでいずれは返せるでしょう。別に無理して今すぐ家を売って借金を返す必要はないです。財政再建原理主義者はそうしろと言いますが、全くそんな必要を感じません。

国債市場においても日本国債は大人気であり、10年物国債の金利はコロナショック以降

# 連結貸借対照表

（単位：百万円）

| | 本会計年度（平成31年3月31日） | | 本会計年度（平成31年3月31日） |
|---|---|---|---|
| ＜資産の部＞ | | ＜負債の部＞ | |
| 現金・預金 | 127,604,378 | 未払金 | 14,180,194 |
| 有価証券 | 397,206,940 | 未払費用 | 1,762,492 |
| **日銀の国債保有残高** | 469,953,880 | | |
| たな卸資産 | 5,200,292 | 保管金等 | 3,384,538 |
| 未収金 | 11,898,431 | 賞与引当金 | 681,654 |
| 未収収益 | 1,126,358 | 政府短期証券 | 76,004,300 |
| 貸付金 | 154,052,783 | 公債 | 880,513,277 |
| 破産更正債権等 | 680,078 | 独立行政法人等債権 | 54,031,088 |
| 割賦債権 | 2,649,447 | 借入金 | 35,012,837 |
| その他の債権等 | 19,458,060 | 預託金 | 2,919,845 |
| 貸倒引当金等 | △3,084,657 | 郵便貯金 | 179,615,687 |
| 有形固定資産 | 272,377,332 | 責任準備金 | 94,102,106 |
| 国有財産等（公共用財産を除く） | 70,712,271 | 公的年金預り金 | 124,739,451 |
| 土地 | 39,220,028 | 退職給付引当金 | 10,987,898 |
| 立木竹 | 4,183,003 | その他の引当金 | 630,252 |
| 建物 | 11,788,520 | 支払承諾等 | 2,890,814 |
| 工作物 | 8,699,062 | その他の債務等 | 35,894,771 |
| 機械器具 | 0 | | |
| 船舶 | 1,728,040 | | |
| 航空機 | 949,053 | | |
| 建設仮勘定 | 4,144,561 | | |
| 公共用財産 | 195,847,597 | | |
| 公共用財産用地 | 49,442,932 | | |
| 公共用財産施設 | 143,815,464 | | |
| 建設仮勘定 | 2,589,200 | | |
| 物品等 | 5,793,815 | **負債合計** | 1,517,351,212 |
| その他の固定資産 | 23,647 | | |
| 無形固定資産 | 1,366,838 | ＜資産・負債差額の部＞ | |
| 出資金 | 18,413,022 | 資産・負債差額 | △34,511,056 |
| 支払承諾見返等 | 2,890,814 | （うち国以外からの出資） | (5,081,612) |
| その他の投資等 | 1,046,153 | | |
| **資産合計** | 1,482,840,156 | **負債及び資産・負債差額合計** | 1,482,840,156 |

もほぼゼロです。むしろ、無理して借金を返すために増税することで経済が混乱するデメリットのほうが大きい。増税すれば消費が低迷し、絶対に景気が悪くなります。景気が悪くなれば税収は減ってかえって財政状態は悪化するでしょう。

## 簿記の知識が必要

さて、日経新聞の社説の間違い探しをやってみたわけですが、ネットをどうやって活用するかお分かりいただけましたでしょうか？　新聞には大事な情報が欠落しています。先ほどの社説で言うなら、債務問題を語るのに貸借対照表（バランスシート）の概念が一切出てこない。これは致命的な間違いです。そして、この間違いに気付くためには簿記の知識が必要です。簿記3級でいいので、資格試験のテキストを買って勉強するか、ネット上の学習コンテンツなどを利用して勉強してください。そして、一旦簿記の概念が頭に入れば、あとは必要な情報をネットで検索して埋めていくだけです。国の財務諸表は検索すれば一発でヒットしますし、日銀の国債保有残高は「営業毎旬報告」に掲載されています。これらの情報で隠されたピースを埋め合わせることで、日本政府の真の財政状態を知ることができるわけです。

## 市場の反応で日経新聞のおかしさを見抜く

ちなみに、バランスシートの概念を知らなくても日経新聞の言うことのおかしさを見抜く方法があります。それは市場の反応です。仮に、日経新聞の言う通り日本の財政状態に問題があると世界中の人が思っていたら、日本国債の金利はとっくに跳ね上がっていなければなりません。しかし、実際に国債金利の推移を調べると全くそうはなっていないことが次頁のグラフで分かります。

【出典：ＳＢＩ証券公式ＨＰ　https://site1.sbisec.co.jp/ETGate/?_ControlID=WPLETmgR001Control&_PageID=WPLETmgR001Mdtl20&_DataStoreID=DSWPLETmgR001Control&_ActionID=DefaultAID&burl=iris_indexDetail&cat1=market&cat2=index&dir=tl1-idxdtl%7Ctl2-JP10YT%3DXX%7Ctl5-jpn&file=index.html&getFlg=on】

こちらも一般的なネット証券のホームページなどで誰でも入手できる情報です。過去10

**過去10年間の長期国債金利（10年物）**

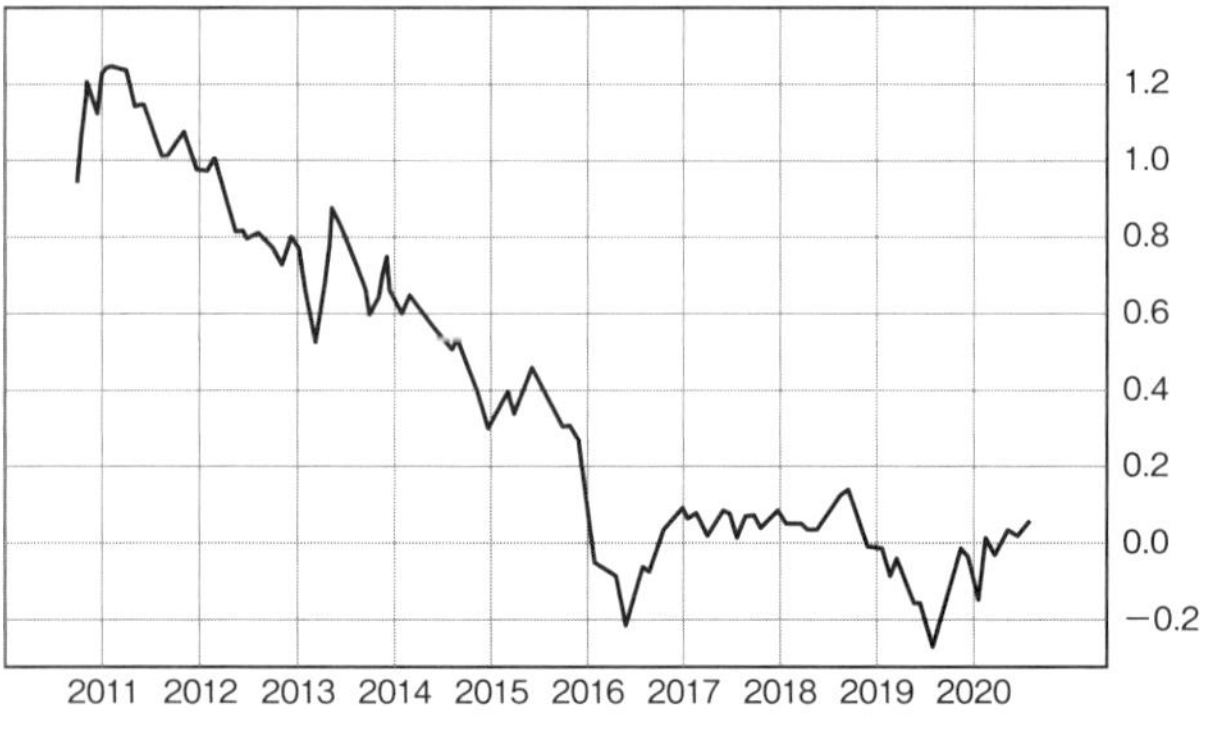


出所：SBI証券公式HP　　(C) Ouants Research Inc.

年間の長期国債金利（10年物）の金利は一貫して右肩下がりで何度か0％以下のマイナス金利になっています。しかも、金利が高かった10年前ですら1％をわずかに上回る程度の低金利です。一体何が問題なのでしょうか？国債市場の投資家は日本政府の財務状態は盤石だと思っています。財政再建を急いで必要な投資をケチることのほうが、よほど未来に大きなツケを残しそうです。

　ちなみに、10年物国債金利の推移をアメリカ、フランス、ドイツと比較したグラフは上記のようになります。

【出典：楽天証券公式ＨＰ　https://www.trkd-asia.com/rakutensecj/popupchart.jsp?compDef=&ricType=4&sym=US10YT%3DX

## 10年物国債金利の推移

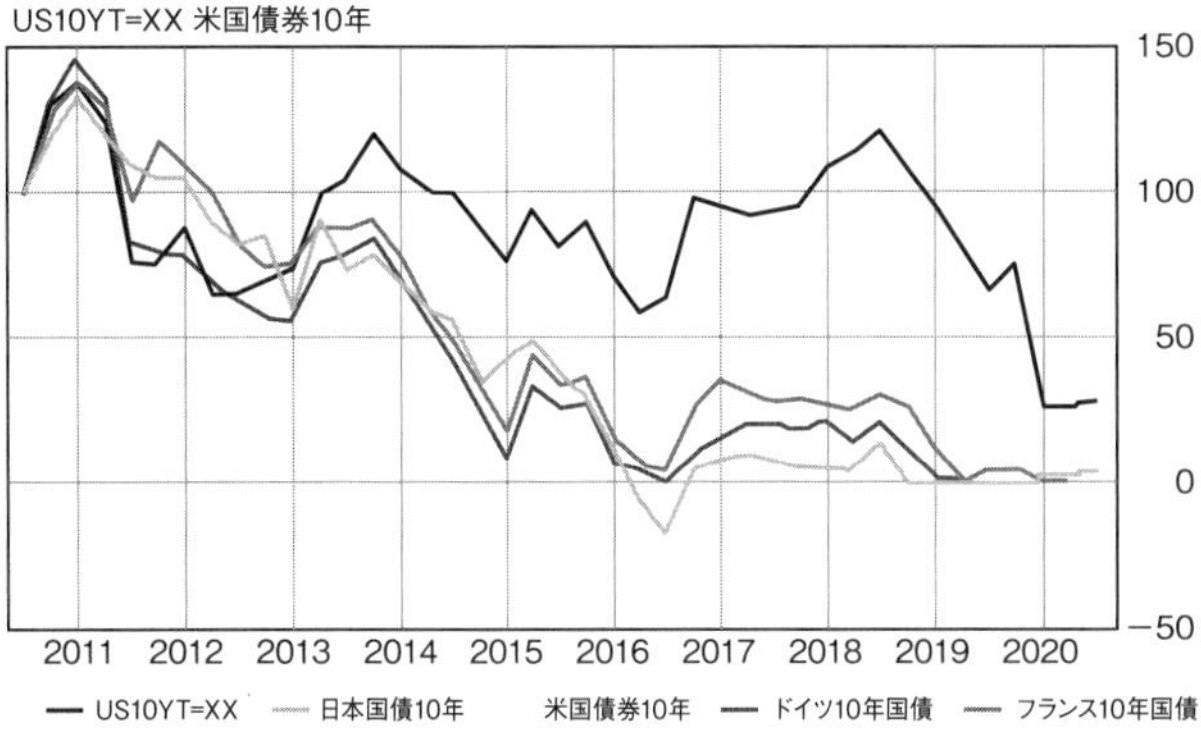


出所：楽天証券公式 HP

X&x=33&y=7&int=8&per=8&fdate=07%2F09%2F2019&tdate=07%2F09%2F2020&mode=2&top=1&sValTop1=&sValTop2=&sValTop3=&bottom=2&tpoint1=0&comp1=1&gbDefault=0&gb=2&gb=4&gb=5&gb=7】

日本の国債金利は概《おおむ》ね独仏と同じようなカーブを描いて推移しています。アメリカの金利はやや高めです。と言っても右側の目盛はベーシスポイントといって、1＝0・01％を表していますので、その差は0・25％ほどです。

また、ある国の国債がデフォルトに陥るかどうか心配な人はこれに保険をかけることができます。クレジット・デフォルト・スワップ（CDS）という保険は市場で取引されており、破綻確率がどれぐらいかを計算して値付けがされています。数量政策学者の高橋洋一《たかはしよういち》氏は次のように説明します。

## マスコミが隠しているピースを埋めるには？

では、本物の市場関係者は、どのように証券の信用度の評価をするかというと、市場で取引されているクレジット・デフォルト・スワップ（CDS）レートだ。財務分析もまともにしない格付け会社の格付けより、市場で取引されたレートのほうが信頼度が高い。

現時点における各国国債のCDSレートは、先進国では0・1〜0・2％程度だ。当然、日本もその中に入っている。大学院レベルのファイナンス論を学べば、この程度のレートであれば、5年以内の破綻確率は0・5〜1％程度と計算できる。

なお、筆者の研究によれば、各国国債のCDSレートは、各国の統合政府ベースのバランスシート（貸借対照表）からの資産を控除した純債務と、国内総生産（GDP）との比率と安定的な関係がある。つまり、純債務対GDPが少ないほど、CDSレートが低くなるというものだ。これは標準的なファイナンス理論とも整合的である。

【参考：日本国債は本当に危ないのか？　海外格付け会社が見通し引き下げも、ＣＤＳレートでは破綻確率「１％以下」『ｚａｋｚａｋ』（２０２０年８月５日）https://www.zakzak.co.jp/soc/news/200805/dom2008050003-n2.html】

日本国債が危なくないことは調べればすぐに分かります。ところが、メディアは誰も調べないと思って平気でウソをつきます。これは国の財政状態だけでなく、冒頭紹介した株式市場の値動きの解説などについても全く同じです。

また、経済記事のように比較的数字で検証しやすいものならまだよいのですが、検証が難しい政治面や社会面の記事は実際のところウソを書き放題となっています。

例えば、世界的に安全性が確認されている子宮頸《けい》がんワクチンについても、朝日新聞が当初「副作用がある！」と煽りまくりました。そのせいで公費助成の集団接種が取りやめになってしまいました。全世界的に子宮頸がんワクチンを巡るデマは訂正され、多くの国で公費助成による集団接種が始まっています。ところが、朝日新聞はこの件について未だ公式には謝罪せず、過去の記事についても全く訂正していません。

朝日新聞と言えば慰安婦や福島原発事故で捏造《ねつぞう》報道を繰り広げ、社長が辞任する事態に追い込まれていましたね。それでもまだ何も反省はしていないようです。そんな新聞に読む価値はありません。

　何かを知るキッカケとしてマスコミの報道があってもいいのですが、その内容は極めて浅く、情報源への忖度や思想的なかたよりなど不純物が大量に混入していることを忘れないでください。ネットをうまく使えば、マスコミが隠しているピースを埋めることができます。そのような形でネットを活用しつつ、誤った情報に惑わされないようにしましょう。

―新書版のための終章―

# ポストコロナの経済サバイバル

## お金持ちになれない人は未来を見ていない

今どうやって儲けているか分からない仕事が長続きすると思いますか？　しかし、多くの人は今自分がお金を得ている仕事がなくなるかもしれないという疑問すら抱こうとしません。未来を見ることは恐怖を伴う。その恐怖から逃れたいと思う人がなんと多いことか。私から見るとお金持ちになれない人ほど、今ばかり見ていて、先が見えていません。

新型コロナウイルスのパンデミックはそんな私たちに現実を突きつけました。今回、狙い撃ちにされたのは飲食業や旅行業のほか、対人接触を伴うありとあらゆるサービス業です。逆に、もう終わったと言われていた日本の製造業が復活し、仕事が大変だと敬遠されていた流通業が好業績を叩き出す。銀座が廃《すた》れて、出前館とウーバーイーツが大繁盛。

さらに、名だたる大企業が本社オフィスの面積を縮小して、在宅勤務を拡充したり、郊外や地方に拠点を移したりしています。東京商工リサーチの調べによれば、２０２０年度に国内不動産の売却を公表した東証1部、２部上場企業は76社に上ります。前年度の59社に比べて大幅な増加でした。譲渡益と譲渡損の差額はプラス４１０６億５２００万円。過

去20年間で最大となったそうです。（※1）

東京の一等地に建つオフィスビルがスカスカになる事態を一体誰が予想できたでしょう。また、仮に予想したところで私たちにできることは限られていたと思います。第2章で解説したナイトの不確実性を思い出してください。世の中に存在する不確実性には2種類あります。1つが、確率分布が計算できる「リスク」と呼ばれる不確実性、もう1つは確率分布が計算できない「真の不確実性」です。

**〈ナイトの不確実性〉**

**世の中には2つの不確実性が存在する**

**①　リスク（確率分布が計算できる不確実性）**

**②　真の不確実性（ほとんど発生しないが、ひとたび発生したら天文学的な被害を及ぼす不確実性）**

今回の新型コロナウイルス感染症のパンデミックはまさに②に当たる事態です。通常私たちがお金を儲けるための長期計画を立てる際、ありとあらゆる未来を想定しますが、所《しょ》詮《せん》は①の話です。しかし、①の範囲内のリスクを洗い出す作業においても、最悪の想定には恐怖が伴います。まして、それを超える想像だにしない事態である②などに到底考えが及ぶものではありません。

## 「真の不確実性」は「リスク顕在化の連鎖」を引き起こす

では、想定外の事態に遭遇した時に我々に何ができるでしょう？　一つ言えることは、手持ちのリソースを出し惜しみせず、ありとあらゆる努力をすることです。今回のパンデミックで皆さんは自分の雇用やビジネスを守り切ることはできたでしょうか？　本書を執筆している今の段階では、まだ感染は完全に終息したとは言えません。もちろん、ワクチンの接種率が上がり、経口治療薬の開発も最終段階を迎え、次の波を迎え撃つ準備はできています。しかし、次の波で終わりという保証もまだありません。人類は未《いま》だに極めて不確実性の高い状態に置かれている。残念ながらこれが事実です。

それでも、皆さんは自分の雇用を守り、ビジネスを守り、そして何よりも大切な自分教を堅持してきたわけですよね。おそらく、手持ちのリソースを出し惜しみせず、場当たり的に全力で必死に頑張った。その際に、何度か道を間違えて失敗したかもしれません。しかし、いちいち落ち込んでいる場合ではないので、すぐに立ち直って別の道をまたがむしゃらに進んだのではないでしょうか？　そして今も進んでいる。おそらくそんなところだと思います。

真の不確実性が顕在化した時、人はその直接の影響を受けて生命身体に危険が及ぶことを考えがちですが、実際にはそこから派生するリスクの顕在化が連鎖するほうが多いのではないでしょうか。今回の新型コロナウイルス感染症のパンデミックにおいても、自分がコロナに感染して死にそうになったという人より、コロナが経済に与える悪影響によりひどい目に遭ったという人のほうがはるかに多いことでしょう。実は、感染症を完璧に防ぐシェルターの準備より、経済的なショックに備えた資金繰り対策とか、オペレーション変更とか、そういう細かいリスクへの対応のほうが意外と役に立ったのではないでしょうか。真の不確実性に備えることは不可能ですが、想定されるありとあらゆるリスクに備えておけば身を守れる。真の不確実性はリスク顕在化の連鎖を引き起こすので、むしろそっちに備えておいたほうが生存率は高くなるということ。これが今回の新型コロナが私に与えた教訓の一つです。

## 最悪を想定する思考法

さて、ここで最悪を想定して備えるための思考法について一つの例をお示ししたいと思います。私が独立して間もない頃、藤沢の自宅から都心に通っている時期がありました。その時いつも新橋で地下鉄に乗り換えるのですが、当時はまだ新橋の地下街がリニューアルされる前で連絡通路はホームレスで溢れていました。私は彼らを見てこう思いました。

「これは未来の俺の姿だ。今のままでは30年後に絶対にこうなる」

毎朝、新橋駅でホームレスを見るたびに私は暗い気持ちになりました。独立して何とか仕事を得て頑張っていましたが、将来がどうなるかなんて全くビジョンもなかったからです。目の前にぶら下がっている仕事を全力でやり続けて果たして未来は開けるのか？　全くもって見通しなどありませんでした。

それでも、繰り返しこの恐怖と直面しているとだんだん慣れてきます。ある時ひらめきました。「このままではホームレスになっちゃう」という考え方が甘いんだと。そうじゃなくて、「私はすでにホームレスになっている」という前提で考えなければダメだと。30

年後のホームレスになった私が「ああすればよかった、こうすればよかった」と後悔しているビジョンが見えてしまったのです。逆に言えば、その後悔が先に立ったわけですから、30年遡《さかのぼ》って後悔しないようにやればいい。30年前……今じゃないかと。32歳のことでした。

20代で自分教を見つけ、30歳前後で『金持ち父さん貧乏父さん』に出合い、そして32歳にして初めて長期計画を作り始めた。ざっくり言うとそんな感じでした。もっと若い時にやっておけばよかったですね。

## やめるべきリストを作って、即座に実践すべき

大抵の人は、目標を立てると大量のやるべきことのリストを作って、それが作り終わると満足して何もしなくなります。むしろ、やめるべきことのリストを作って、即座にそれを実行する、つまりやめることを実践すべきではないでしょうか。何よりも、あなたの行動を素早く変化させることが重要です。本書でも私が10歳から実践している「もうコーラは飲まない」というエピソードを紹介させていただきました。あれは結果的に間違ってい

たのですが、長期計画の中ではとても正しい実践だったと思っています。

## ネガティブ・シンキングでメンタルの弱さを克服

とはいえ、ここで一つ気を付けなければならないことがあります。それは「生存バイアス」です。「○○さんはタバコを吸っているが90歳まで生きた、だからタバコを吸っても早死にしない」といった主張は典型的な生存バイアスです。日本医師会によれば、20歳よりも前に喫煙を始めると、男性は8年、女性は10年も短命になるとのことです。もちろん、そうでない人もいます。90歳で喫煙していた人の背後には、すでに亡くなっている同世代の人がたくさんいたわけです。

今、お金持ちになっている人はある種の生存競争を勝ち残った人で、彼らの陰には消えていったその数倍のお金持ち候補がいました。彼らだって長期計画は持っていたはずです。でも、失敗した。だから、長期計画を持てば必ず金持ちになれるというわけではありません。

長期計画を持つことはお金持ちになるための条件の一つであって、それがあるからと言って必ずなれるものではない。しかし、だからと言って長期計画なしにお金持ちになることはできない。そういったものであると理解してください。

そもそも、長期計画を持っていたのに残った人と消えた人の差は微々たるものだったのではないでしょうか？　同じような努力をして、同じような環境にあっても、何かの拍子で心がポキンと折れてしまった人がいたり、折れずに続けたりした人がいます。途中でやめた人はお金持ちになれず、最後まで続けた人がお金持ちになった。それだけのことです。

では、これはメンタルの差でしょうか？　必ずしもそうとは言えません。例えば、メンタルの弱さを自覚している人だって、自分が追い込まれないようにいろいろ準備、工夫することは可能です。ありとあらゆる悪いシナリオを想定し、それに直面した時もあらかじめ対策を講じておけば、メンタルの弱さも克服できるでしょう。実際に私が実践しているのがその方法です。人呼んで「ネガティブ・シンキング」。新橋駅でホームレスを見て、30年後の自分だと思える能力があれば誰でもできる思考法です。想像力を働かせて悪いことをいっぱい考えてください。まずはそこから始まります。

## ポストコロナの経済状況は？

そういう意味で、ポストコロナの経済状況を長期的な視点で展望することは大事です。私もよく、「コロナ以前とコロナ以後でビジネスの環境に大きな変化はありますか？」という質問を受けます。ここで日経新聞なら、劇的に進んだＤＸ（デジタル技術による変革）やそれに伴うライフスタイルの変化など、誰の目にも分かるような表層的な変化を捉えてテキトーなことを言うでしょう。でも、問題はそこではありません。確かに、人々の「動き」は大きく変わりましたが、それは何か原因があって変わったからです。感染症による行動制約はその一つです。しかし、パンデミックが終わればその制約は解除されます。解除されれば人々の生活は２０１９年以前の元の生活に戻るでしょうか？

対面、紙、ハンコの廃止にリモート会議、在宅勤務や各種フードデリバリーなど、コロナ禍で私たちはより便利な生活を手に入れてしまいました。コロナが終わったからと言ってそれを元に戻すのは無理です。もちろん、緊急事態宣言下のように１００％デリバリーみたいな状態は続きませんが、最低でも3割、下手すると7、8割ぐらいこの便利な生活は残るのではないでしょうか？　そもそも、政府がデジタル庁を作ってこれに取り組むわけですから、面倒くさい役所の対面、紙、ハンコ仕事も激減するはずです。当然、民間も右へ倣《なら》えでしょう。浮いた時間はどう使います？　使える場所がありますか？

　これまで既得権として存在していたビジネスが、何の努力もなく惰性で続くことはありません。コロナのような経済的なショックがあると淘汰《とうた》は加速します。都心の飲食店が潰れて、以前は絶対でなかったような物件が出始めました。同様に、大企業が自社ビル売却、本社機能縮小、リモートワーク拡充に舵《かじ》を切って、以前では考えられなかった一等地のビルにも空室が目立ち始めました。極端な例では淡路島に拠点を作って社員を千数百人単位で移動させようとしているパソナや別府市に拠点を作って移住を進める富士通のような会社もあります。

　２０２１年９月の東京都心のオフィスの空室率は約６％で、19か月連続で上昇しました。ＮＨＫは「新型コロナウイルスの感染拡大に伴うテレワークの普及などで企業がオフィスを解約する動きが続いています」と報じています。

　また、東京都の人口動態にも大きな変化が起こっています。２０２１年９月の住民基本台帳人口移動報告によると、東京都は転出者数が転入者数を３５３３人上回り、５か月連続の転出超過。東京都は2020年5月以降ずっと転出超過で、例外は就職や入学シーズンの3～4月だけという状態が続いています。東京から転出する人は、周辺の神奈川、千葉、埼玉などに流入しているようで、逆にこれらの地域の人口は微増しています。1980年代に社会科の教科書に出ていた「ドーナツ化現象」が再来しているわけです。

さらに国の政策もこの現象を追認し、むしろ助長するような方向です。2021年10月に行われた衆院選において自民党は以下のような公約を掲げています。

**◆地方創生**

**○企業の本社機能等の地方への分散を進めるとともに、地方拠点強化税制の活用や〝企業版ふるさと納税〟の活用等により地方への資金の流れを加速させ、東京・首都圏に集中する社会機能を地方に分散させた〝分散型国づくり〟を進めます。**

**○大都市への過度な集中を是正し、わが国全体の強靭性《きょうじんせい》を高めるため、地方創生の中核的な役割を果たしている地域の経済団体や大学等との連携を強化するとともに、DX等の新**

### 技術を活かした〝人を惹きつける魅力ある地域づくり〟を推進します。

パンデミックが終息しても、この流れが止まることはないでしょう。実際にやってみて今の生活、仕事のやり方のほうが効率的だと気付いてしまった人は多い。敢えて以前の非効率な形に戻すインセンティブがありません。現場のミクロなレベルで考えてみても、もう私たちのライフスタイルは変わってしまって、元には戻れなくなっているという現実を頭に入れておきましょう。皆さんが転職や起業を考える際も、すでに変わってしまった世の中を前提にプランを組み立てる必要があります。

### 世界各国の政府はインフレを恐れなくなった

そして、もう一つ大事な変化について指摘しなければなりません。それはミクロではなくてマクロな環境です。誤解を恐れずに言えば、世界各国の政府は以前のようにインフレを恐れなくなりました。パンデミックで落ち込んだ経済を回復させるために、世界各国が限界まで金融緩和し、財政出動を行っています。中でも、アメリカは許容できるインフレ率の限界までアクセルを吹かしました。これも以前では考えられなかったことです。過去においてアメリカがそこまでしたのは第二次世界大戦の時のような戦時下でした。

感染症との闘いは非常事態です。戦争も非常事態。だから、各国が戦時統制経済に移行したところで不思議ではありません。実際に人々の行動は制限され、制限で落ち込んだ経済を政府が財政支出で支えるというモデルは戦時下そのものです。戦時中はそれが軍事費でしたが、コロナ禍においてはそれらが失業手当や営業補償に置き換わっただけの話です。

問題はこの後、パンデミックが終息して戦時統制が終わる時です。アメリカは6兆ドル、日本は4兆ドル、ドイツは1・5兆ドルの巨額コロナ予算をバラまきました。これらのお金は市場に溢れていますが、人々はコロナ禍の行動制限でこのお金を使えずにいました。行動制限が外れたら堰《せき》を切ったようにこの金が溢れ出す……ハズでした。

残念ながら、まだ日本ではそこまで至っていません。衆院選に勝利した岸田政権がその呼び水となる経済対策55・7兆円を実施しますが、果たしてそれで足りるのか？　ここにかかっています。

とはいえ、お金が永久に宙に浮いたままになることはありません。すでにアメリカでは浮いたお金が旅行や飲食、サービス消費に向かい始めています。人間やることはそう変わらないので、早晩日本でもアメリカの後追いが始まると思っています。国民性なんでしょうか？　制限を解除しても最初はまだ慎重なのが日本人。アメリカ人のように分かりやすい反応はしません。しかし、みんなが動き始めるとその同調圧力たるや世界最強です。乗ってきたら止まらない。かつてそれがバブルを生んだことを思い出しましょう。日本人の国民性はそんなに変わっていないですから。

## ポストコロナでも続く米中冷戦

さらに、コロナ対応の経済対策が終わっても米中冷戦は続きます。その中でサプライチェーンの再構築という話がしきりに出ています。現在、世界の工場となっているチャイナから生産設備を移転し、彼らの世界征服計画に悪用されないような供給網を作る。地理的にもチャイナに近い日本はそういう意味でも注目されています。現在、半導体を製造できる会社は世界でも数社しかありません。そのうちのトップである台湾のＴＳＭＣがソニーと共同で熊本に生産拠点を作ることは大きな話題になりました。当初、ＴＳＭＣはつくば市に研究拠点を作るだけで、日本で半導体を生産することはないと言われていたからです。

１９８０年代のような全盛期までには戻れないとしても、モノづくりの拠点が日本にある程度は戻ってくる。これも日本にとってポジティブなニュースです。

ここまで読んで、「さっきまでネガティブ・シンキングしろって言ってたのに何でポジティブな話題を持ち出すんですか？」と疑問に思った人もいるでしょう。非常に良い疑問です。

実は長期計画を立てるに当たって、最初にやるべきことはネガティブ・シンキングに基づいて最悪の事態を想定することなのですが、一旦最悪の事態を想定してリスクを確定したら、今度はそれを前提にハンドリング可能なリスクを積極的に取る必要があるのです。リスクをいつまでも確定せず、ゼロリスクになるまで対策をするのは愚《ぐ》の骨頂《こっちょう》です。結局、計画ばかりで動けず、何のアウトプットもありませんから。

## 人生最大のリスクは死

人生最大のリスクは死です。死んだ先のことは考えられない。ある一定のリスクが顕在化すると死が避けられず、なおかつそれを回避する方法がほとんどないこと。こんなものに備えても意味はありません。具体的には巨大生物の来襲、ゾンビウイルスのパンデミック、巨大隕石の落下……数え上げればキリがありません。例えば、原発事故の放射能を過度に心配して、科学的に測定できるリスクを超えた、「安全より安心」をやっちゃう人は、正直ビジネスには向いていないと思います。

最悪の事態に備えたら、あとは何とかなります。目の前にあるポジティブなニュースをしっかりと拾って、その中にチャンスを見出してください。もちろん、そのチャンスを手にするプロセスの入り口は、低空飛行で飛び続けることです。低空飛行で飛んでいる間に、チャンスを見出して勝負をかける。人間の一生において「ここだー！」という瞬間は滅多《めった》に来るものではありません。私にとっての２０１２年11月の衆院解散時に名馬に出合えたような絶好のチャンスは一生のうちに1回か2回、あるかないかだと思います。

普段は低空飛行で飛びつつ、いざという時はその機に乗じて一気に勝ちに行く。私の長期計画の解釈はそんな感じです。多分これは性格的なものです。私はかれこれブラジリアン柔術を10年以上やっているのですが、乱取り（スパーリング）の時もいつもそんな感じです。基本は防御、全然攻撃しません。相手が攻撃してきて隙が生まれたら一気にカウンター攻撃する。いつもそんなセコいやり方で練習しています。でも、このほうが怪我もしないし、技術も身に付きます。ブラジリアン柔術の元になったのは、日本の高専柔道ですが、初心者には徹底して引き分けるための技術を教えるそうです。低空飛行で飛び続けるという感覚に非常に近いと思いました。

## みんなでやれば恐怖と向き合える

私は今でもたくさんのシナリオを書き、それを更新し続けています。その内容は、八重洲・イブニング・ラボというオンラインサロンで公開していますのでご関心がある方はぜひ登録してみてください。コメント欄で会員の皆さんからも鋭いご意見をいただくことがあり、見えていなかったリスクを可視化するとてもいいシステムになっていると思います。私自身の情報収集能力と、会員の皆さんのツッコミでシナリオはどんどん分厚く、あらゆる事態を織り込んでいくわけです。みんなでやれば恐怖と向き合うのも意外と楽しいものですよ。友達を誘って心霊スポットに乗り込んでいく感覚です（笑）。ただ、映画『グレイヴ・エンカウンターズ』みたいな悲惨な結末もあり得ます。くれぐれも、投資は自己責任でお願いします。

この本を最後までお読みいただいてありがとうございます。本書に影響されてお金持ちになる道を実践するも良し、自分は向いていないので別の道を探すのも良しです。まさに皆さんの人生という時間を投資するわけですから、投資は自己責任でお願いします。ここに書いてあることを実践して大損しても私は何の責任も取りません。申し訳ありません。

とはいえ、お金持ちを目指すにしても目指さないにしても、この本の知識が少しでも皆さんの生活を豊かにすることに貢献できれば、作者として幸甚の極みです。

※1　https://www.tsr-net.co.jp/news/analysis/20210416_01.html

本書は、二〇二〇年十一月に刊行された『誰も教えてくれなかった 金持ちになるための濃ゆい理論』の「序章」と「終章」を加筆・修正し、新書化したものです。

上念 司（じょうねん つかさ）
1969年、東京都生まれ。経済評論家。中央大学法学部法律学科卒業。在学中は創立1901年の弁論部・辞達学会に所属。日本長期信用銀行、臨海セミナーを経て独立。2007年、経済評論家・勝間和代氏と株式会社「監査と分析」を設立。取締役・共同事業パートナーに就任(現在は代表取締役)。2010年、米国イェール大学経済学部の浜田宏一教授に師事し、薫陶を受ける。リフレ派の論客として、『経済で読み解く日本史 全6巻』（飛鳥新社)、『財務省と大新聞が隠す本当は世界一の日本経済』（講談社＋α新書）など著書多数。テレビ、ラジオなどで活躍中。

デザイン：鳴田小夜子（KOGUMA OFFICE)

扶桑社新書 417

誰も教えてくれなかった
金持ちになるための濃ゆい理論

発行日 2022年 1月 1日　初版第1刷発行

著　　者………上念 司
発 行 者………久保田榮一
発 行 所………株式会社 扶桑社
〒105-8070
東京都港区芝浦1-1-1 浜松町ビルディング
電話 03-6368-8870(編集)
03-6368-8891(郵便室)
www.fusosha.co.jp

印刷・製本………株式会社 広済堂ネクスト


Printed in Japan　ISBN 978-4-594-09050-0